ピープル・ファースト

当事者活動のてびき

支援者とリーダーになる人のために

ビル・ウォーレル 著

河東田 博 訳

現代書館

目 次

第1部　支援者のために　5

序 ……………………………………………………………… 7
第1章　レッテルをはられた人々の人生 …………………… 11
第2章　セルフ・アドヴォカシーとは何か ………………… 19
第3章　セルフ・アドヴォカシーを行う二つの方法 ……… 25
第4章　組織参画とピープル・ファースト ………………… 29
　　　　──その違いは重要な意味をもつ
第5章　ピープル・ファーストの強化 ……………………… 37
　　　　──良い支援者となるために
第6章　権利の獲得と擁護(エンパワーメント) …………… 49
　　　　──プロセスと関係
第7章　まとめ役としての支援者 …………………………… 55
第8章　支援者は教師である ………………………………… 67
第9章　グループづくりを支援する前に考えるべきこと … 75
第10章　悩むな！　グループの組織化をしよう …………… 83

第11章　支援者がなすべきこと ………………………………… 87

第12章　結　論 ………………………………………………………… 91

第2部　リーダーになる人のために　93

おれいの ことば ………………………………………………………… 95

まえがき ………………………………………………………………… 97

第1しょう　「じぶんの 権利を じぶんで まもる」って、
　　　　　　どういうこと？ ………………………………………… 99

第2しょう　ピープル・ファーストが えんじょします …… 103

第3しょう　どうして、「じぶんの 権利を じぶんで まもる」
　　　　　　ことが、ひつようなの？ ……………………………… 109

第4しょう　グループが もつ力 ……………………………………… 115

第5しょう　みんなで、グループを 変えよう ………………… 123

第6しょう　ピープル・ファーストが、ひとり ひとりの メン
　　　　　　バーを、しえんします ………………………………… 133

第7しょう　わたしたちの 権利 …………………………………… 139

第8しょう　じぶんたちの グループを、つよく しましょう
　　　　　　………………………………………………………………… 145

第9しょう　ピープル・ファーストを もっと よく しって
　　　　　もらうための、二つの やりかた …………… 157

第10しょう　しえん者に ついて ……………………………… 163

第11しょう　よい しえん者を、みつけよう ………………… 171

第12しょう　リーダーに なるために ………………………… 177

第13しょう　おわりに …………………………………………… 187

訳者あとがき ……………………………………………………… 189

装幀＝若林繁裕

イラスト＝小島知子

第1部

支援者のために

People First: Advice for Advisors

わたしたちは しょうがい者で あるまえに まず 人間である！
わたしたち ぬきに、わたしたちに かんすることを 何も 決めるな！

People First: Advice for Advisors
by Bill Worrell
Copyright © 1988 by Peter Park
People First of Canada
Suite 5, 120 Maryland Street
Winnipeg, Manitoba R3G1L1
Canada

日本語翻訳権・株式会社現代書館所有。無断転載を禁ず。

序

　この手引き書は、主に、ピープル・ファーストのような当事者グループ、また、カナダ地域居住者協会（ＣＡＣＬ）の本人部会のような類似の当事者委員会で、現に支援者をしている人々を対象にして書かれた。もし、支援者になろうという方がおられるなら、その方のことも念頭において記してある。また、当事者支援の方法を考えていく上で、この手引き書が当事者の友人や支援者のお役に立てば幸いである。

　支援者として活動中の読者は、『ピープル・ファースト：リーダーになる人のために（*People First: Leadership Training Manual*）』（訳注：本書第2部として所収）を読んでいただきたい。また、ビデオ『私たちはうまくできる：ピープル・ファースト物語（*We Can Do It: The Story of People First*）』とビデオ『自分たちの意見をはっきり伝えよう（*Speaking for Ourselves*）』を見ることをお勧めする。

　その他の推薦書として、ワシントンのピープル・ファーストが作成した『役員の手引（*Officers Handbook*）』、『上手な会議の仕方（*What a Successful Meeting*）』、『ピープル・ファースト入門（*Introduction to People First*）』があげられる。これらの本には、どのようにピープル・ファーストが組織されてきたのかが述べられている。かなり詳しい実用的な手引き書であり、当事者や支援者にとって役に立つ。

　この手引き書を書くにあたり、用語の問題に多くの労力を費やした。用語の問題は当事者運動に大きな意義をもたらした。レッテルをはられた人々の生涯には、レッテルそれ自体が大きな問題となる。不必要に複雑で難しい説明で（当事者を）悩ませる専門家や官僚がまわりにいると、

用語や用語の使い方が大きな問題となる。

　この本の執筆者である私にも言葉の好き嫌いは多少ある。そのいくつかを説明させていただく。「消費者（Consumer）」というのは私の嫌いな言葉である。つまりこの言葉は、「園生、訓練生」のように、これまでによく使われた用語よりさらに人を対象化している。この言葉は、福祉に関係する内容を経済市場での関係に変えようとしている。サービスは利用するものである。つまり、サービスを消費するとはどういうことか、私にはわからない。私たちは「使いきる」ことなどできない。消費という言葉は質ではなく、量に重点を置いている。また、消費者となるためにはお金が必要となる。消費者としてなら、多少力がもてる。つまり、どこで、何を、どのように買いたいのかを選ぶことができる。しかし、これは、一般に強制的なサービスしか受けられない重度の「障害」のある人にとっては現実からかけ離れたこととなる。

　消費者という言葉は、「障害者」を表す体の良い用語にもなっている。一般に、「消費者」と呼んでも意味をなさない。それがスーパーや電気屋、サービス産業であれ、誰もがある特定の、または、他の産業の製品の「消費者」だからである。

　本書では、文脈に応じて当事者に関する用語を使い分けようと心がけた。「障害」の状態像を表すときには、「知的障害のある人」、あるいは、「障害のある人」と表記する。組織内の役割について語るときには、「メンバー」や「リーダー」と表記する。サービスに関しては、「サービス利用者」と表記する（訳注：本書では状況に応じて「当事者」と表記する）。また、「知的障害」というレッテルをはられた人々に起こっていることを語るときには、「レッテルをはられてきた人々」あるいは「レッテルをはられた人々」と表記する（訳注：本書では、状況に応じて「当事者」と表記する）。

　本書では、「ピープル・ファースト」という言葉を頻繁に使っている

が、それは支援者が議決権をもたない（口を出さない）参加者であり、そのメンバーが皆当事者である当事者グループを本当に意味しているときである。一方、あらゆるサービス機関に対しては「組織」という言葉を使っている。カナダでは、多くの「知的障害者協会」、「地域居住者協会」等がサービスを提供し、間接的にサービスに関係している。

　最後に、読者は、本書で「彼」と「彼女」を混同して使用していることに気づくであろう。これは、性的なステレオタイプ化を避けるためである（訳注：本書では、状況に応じて「当事者」と表記する）。

　本書が、支援者自らの役割を理解するための一般的な枠組みや社会の中で、このきわめて重要な運動をどうしたら支援できるかということを考えていただく一助になれば幸いである。

第1章

レッテルをはられた人々の人生

　私たち支援者は、おそらく次のような理由からこの運動に関わるようになった。

（1）「知的障害」とレッテルをはられた人々は、生活の中でほとんど機会を与えられていないと感じているが、
（2）ピープル・ファーストは、そうした人々がお互いに支え合うことを学び、自分たちの権利を主張し、機会を広げるための一つの方法となるからである。

　支援者の役割を理解するには、グループのメンバーにセルフ・アドヴォカシー（当事者が自分の権利を自分で擁護すること）の重要性をわかってもらうことが大切である。このことは、当事者の生活の質や、どのようにセルフ・アドヴォカシーの質を高めていけるのかについて真剣に考えていくことを意味する。
　「知的障害」のある人々に対して我々の社会で蔓延していた支配的な態度は、拒絶である。
　「障害」のあることが否定的に受けとめられ、「障害者」は社会のお荷物と見られる。「知的障害」とレッテルをはられた人々は、一般的に、一つのところに集められ、社会から隔離され、巨大な、あるいはいくぶん小規模であっても、施設で集団で処遇され、忘れ去られてしまうこと

が多い。

　「知的障害」とレッテルをはられた人々は、否定的な価値を表す役割をもたされてしまう。レッテルをはられた人々は、人間として不完全な生き物（「植物人間」という言葉は、今でもメディアにおいて不用意に使われる用語である）と見られたり、あるいは、「永遠に子どものまま」だ（そして、そこでは、憐れみや善意の対象となる）と見られる。その根底にあるのは、「知的障害」のある人は基本的人権を受けるに値しないという考えである。例えば、カナダにおいて、レッテルをはられた人々に対する性的・身体的虐待は（施設あるいは家庭、その他至る所で）広範囲に及んでいる。この虐待には、たくさんの形態がある。つまり、本人の意思によらない不妊手術、薬物による行動抑制、行動をコントロールするために家畜用の梶棒を使用する等である。

　多くの理由で、個人の尊厳やプライバシーの侵害を正当化してきた。私たちは次のようなことをよく聞かされてきた。「彼らはどうせわからない」とか、「彼らは何も知らない」、あるいは「彼らは何の痛みも感じていない」とさえ。「障害」のある人々に対する暴力が死を伴うことさえある。利用者が病院や施設、療養所、寄宿舎で、無視され、放っておかれて死んでしまうのは、そう珍しいことではない。

　社会的排除は、「知的障害」とレッテルをはられた人の人生のすべての面に影響を及ぼす。レッテルをはられた人々のほとんどは、生活改善への希望ももてずに、絶えず貧しさの中で生きている。作業所で働く人々には、わずかな年金の他に25セントから1ドルほどのわずかなお金しか支払われないことが多い（何も支払われないこともある）。しかも、原価を割らないように一度支払われたわずかなお金を返還させられることもある。このような人々を含めて、「遅滞者」とレッテルをはられた人々の失業率は、90パーセントを超えている。

　一度レッテルをはられると、政府官僚、医者、親、専門家、介護職員

など、いわゆる「サービス提供者」の幅広いネットワークによって、強くコントロールされてしまう。この支配の「ルールと規則」の多くは、独断的であり、基本的人権の基準とは相容れないものである。例えば、多くの州では、「障害」のある労働者に最低賃金よりさらに少ない賃金を支払ってもよいとする「最賃適用除外制度」を実施している。このようなレッテルをはられた人々に対するコントロールは、人生の早い段階から始まり、成人期へと引き継がれる。ほとんどの人たちは、社会が提供するサービスを消極的に受け取り、用意されているものをすぐに受け入れてしまう。そのシステムに抵抗しようとする者は、しばしば「問題行動」というレッテルをはられ、ますますシステムによってコントロールされてしまう。一般に、社会は彼らの人間としての潜在能力を著しく過小評価している。

　これらの態度の多くは、情報不足、あるいは明らかに間違った情報の結果から生ずる。その間違った情報の大部分は、援助を提供しているまさにそのサービスの結果から生じているのである。例えば、今、地域社会の中で生活をしている当事者の多くは、医者や心理学者、精神科医、施設や病院の職員、そして両親からいかに彼らが全面的に依存的で、困難をうまく切り抜けるためには無力であるとみなされてきたのかを考えてみればわかるだろう。このことに関する本当にひどい例の一つに、とても優秀で働き者の女性に対する強制不妊手術に関する最近の最高裁判所の事例がある。彼女が小さかったとき、ホームドクターから、歩いたり話したりすることは決してできないだろうと言われた。ところが、彼女は、歩くことができるばかりではなく、皆の前で話したり、何度もインタビューを受けたりしてきたし、ここ10年間専任職員として働いてきた実績をもっている。そして、今、とても実りの多い生活を送っている。

　当事者の暮らしを支配している隔離された教育・雇用・居住システム

は、こうした過小評価を制度化し、強化している。隔離されたサービスは、たとえ「素晴らしいもの」であっても、十分に利用者の要求を満たしてはいない。なぜならば、彼らは隔離され、何ら将来を見出せずにうんざりしているからである。これらの制度は「利用者」にほとんど何も期待していない。結果として、当事者はこの否定的な自己像を受け入れてしまうのである。

　当事者は自分たちを価値のないものとして見ているため、作業所やグループホームの仲間も価値のないものとして見がちである。このような否定的な自己像をもっているため、彼らが価値を見出す個人的な人間関係とは、いわゆる「普通の」人々との人間関係なのである。これらの「普通の」人々は、生活の中で出会う有給の専門家や職員であることが多い。あるいは、時としてこれらの「普通の」人々は親の友人であったりする（すなわち、かなり年長の世代である）。言い換えれば、レッテルをはられた多くの人々は、個人の成長にとって、とても重要な援助を提供できる真の友人をもっていないことになる。人間を隔離するということは、残酷なことである。人々の暮らしに全く愛をもたらさないことが多い。

　コミュニケーションの技術が十分に発達しないことも多い。この理由の一つは、彼らが一度「知的障害」とレッテルをはられると、彼らに全く読み書きの技術を教えようとしないからである。しかし、なぜ彼らが意思伝達が不十分であるのかという根本的な理由の一つは、これまで誰も彼らと意思疎通しようとしてこなかったからである。私たちのほとんどは、生活の中で何とかして自分自身を表現しようと努力してきたために、思ったことや感じたことをうまく表現できるようになった。例えば、新しい仕事を探したり、人間関係をうまく結ぼうとしたり、役人に自分の見解を説明して何かをしてもらおうとしたりしてきた。

　あなたが「知的障害」のレッテルをはられたとしよう。あなたは、消

極的で依存的な人と見られてしまうであろう。あなたが望んでいることを何度説明しても相手にされないであろう。あなたの暮らしは他の人に規定されることが多くなるであろう。あなたの意見は価値がないとみなされ、誰も話しかけなくなるであろう。

障害者差別

　私たちの社会では、財力、知力、積極性、効率性、合理性、美しさ、若さ、強さを高く評価する。力による階層が、こうした価値に基づいてつくられる。これらの階層を利用できる人が頂点に上れるのである。

　これらとは正反対の価値（すなわち、貧困、愚かさ、怠惰、発達遅滞、過度の興奮、醜悪、老齢、病弱）は、しばしば一緒のものとしてみられる。言い換えれば、もしあなたがこれらの特色を一つもっていると、すべての性質をもっていると見られてしまう。このことが差別の基になっている。その結果、「障害者差別」をもたらす。

　例えば、世論を形づくっているメディアでは、成功をおさめた（すなわち金持ちになった）映画やテレビの俳優は、顔や鼻の美容整形、美容のためのプログラム、そして、一般に若く見せようと努力することに、多額のお金と時間を費やす。テレビ番組の大部分は「アクション」番組か、かなりの収入がなければ維持できない中流階級の人々の生活様式を描いているかのどちらかである。貧しい人々は、愚かで、遅れていて、醜く、年老いたものとして描写されていることが多い。

　「障害者」とレッテルをはられた人々、とりわけ「知的障害」とレッテルをはられた人々は、何もできない、あるいは、これらの望ましい役につくことができないと考えられている。そのため、レッテルをはられた人々は、他の人々のように、良い所と悪い所をもっているという視点で見るのではなく、自分が「障害」をもっているからダメなのだと考え

てしまうことが多い。

　一つの典型的な例は、「知的障害」のある人々の親権の問題である。「知的障害」のある人々は親として望ましくないとか、「知的障害」のある人々は子どもの養育ができないとか、遺伝的に「知的障害」の子どもをもつ傾向があるため（科学的根拠はない）、彼らの子どもたちも「知的障害」になってしまうだろうということが広く信じられている。そのため、「知的障害」とレッテルをはられた人々が多数、不妊手術を強制されてきた。しかし、多くの当事者が指摘しているように、「普通の」人々のほうにこそ虐待をし、無視をし、養育を放棄してきた例が数多く見られるのである。社会がこうした「普通の人々」に不妊手術をすべきだと言ってきたことはない。

　レッテルをはられた人々は、彼らが間違いをするや否や、「わかったでしょう。そんなことをしちゃいけないと言ったでしょ。あなたは『障害者』なのよ」という言い方で「厳しくしかられてしまう」ことがしばしば見られる。あるいは、「あなたにチャンスを与えたのに、しくじってしまったのね。今度こそ、私たちの言うことをよくききなさいよ」という言い方もされる。言い換えれば、レッテルをはられた人々は、自分の力を証明するために、何でも二倍の働きをしなければならない。例えば、仕事において、「障害」のある人は、「障害のない」人と同じように朝仕事に入るために、かなり早くから来なければならなくなるかもしれない。しかし、もし彼女が少しでも（一度でも）仕事に遅れると、彼女は「正規の」（「障害」のない）職員が遅れてくるよりもはるかにひどく批判されたり、罰を受けてしまう恐れがある。

　（「障害」のある人々が一般の人々と）同等の扱いを受けるためには、「二倍」の時間を必要とするのは珍しいことではない。そのことは、社会が他の人々に対してもっている偏見と闘おうとしている人々（例えば、アフリカン＝アメリカン、先住民、女性）に対しても言える。それゆえ、

障害者差別は、人種差別、女性差別、そして、一般的な差別と同じ結果をもたらす。このことは政策決定のすべてのシステム（制度）に及んでいる。例えば、1987年、連邦政府は原子力潜水艦の建造のために1830億ドルの予算を承認した。ほとんど同時に、オンタリオ州の政府は、脱施設化と地域生活支援のための数カ年計画に、数百万ドルの費用を捻出することを公表した。

　「知的障害」とレッテルをはられた人々は、私たちの社会の中で、もっとも無力なメンバーの中の一群である。彼らに対する抑圧は甚だしい。彼らに対する最大の差別は、社会から隔離し、拘束しているということなのである。その結果、生活経験が不足し、自信を失う。

　例えば、多くの支援者は、日常生活の中で自分たちの仕事を自由に選ぶ機会をもっている。しかし、グループホームで暮らしている人たちの多くは、何ら選択権をもっていない。作業所に行くか、何もすることがないかのどちらかである。そのような人は、おそらくどこで暮らし、誰と暮らすのか、いつ夕食を食べるのか、あるいは、いつ寝るのかの選択権さえもたないのである。もう一つの例として集団帰属の問題がある。多くの支援者は、すでに学校という帰属集団をもち、学校卒業後は労働組合、専門家組織、あるいはコミュニティ・グループのメンバーとして、積極的な活動の経験をもっている。しかし、レッテルをはられた人々にとって、ピープル・ファーストが自分で意思決定できる初めての場なのである。

　ところで、セルフ・アドヴォカシーとは、力をもたない人に、権利を獲得し、擁護する力を与えること（エンパワーメント）なのである。自分の生活をコントロールできなかった人々が自分で生活をコントロールしようと、勇気をもって一歩踏みだすことである。将来に対して何も計画を立てる機会がなかったり、夢をみる機会すらもたなかった人が、<u>自分でこうしたいと望む方向に動き出すことである</u>。

力をつけていくことはプロセスである。力とは人に与えられるものでもなければ、働いて得られるものでもない。（力をつけていくことにより）以前の状態よりももっと知識が得られ、技術を習得し、見聞を広め、もの事に気づいていき、建設的で意味のある結果が生じる。

　セルフ・アドヴォカシーは、また、社会の枠組みにチャレンジしようとする大きな社会的運動の一つである。人々が自分自身を見つめ、考えていくなかで、自己変革を遂げていくことを意味しているのである。レッテルをはられた人々が運動できるような積極的で文化的な価値観は、他の抑圧されている人々を支える似通った価値観と重なるところがある。

　セルフ・アドヴォカシーは、これらの価値を高め、基本的に社会的機能を変革できるようにするためのきわめて重大な歴史に残る役割を果たすことができる。

　レッテルをはられた人々が本当に力を与えられたときに、世界が大きく変化するのであろう。

第2章

セルフ・アドヴォカシーとは何か

　前章で、力をつけていくことはプロセスであると述べた。セルフ・アドヴォカシーはそのプロセスの重要な位置を占めている。セルフ・アドヴォカシーを学ぶことによって、当事者は彼らの仲間とともに、日常の問題について議論し、相互に助け合う方法を見出そうとする。こうした活動を通して、当事者はさまざまな技術と、共に問題を解決しようとする技術を学ぶことができる。当事者は自信を深め、見識を広げ、また情報と新しい考え方を習得する。当事者とその他の人々の生活に影響を及ぼす決定に自ら立ち会い、参加することが増えてきている。力をつけていくプロセスが、概念的に次のように示されている。

市民自治 権限委譲 協働関係	市民参加・参画の段階
機会参加 協議参加 説明参加	「形式的参加」の段階
矯正参加 教育参加	非参加

〔この八つの段階は、シャーリー・アーンスタイン著『市民参加の段階』(Sherry R. Arnstein, "A Ladder of Citizen Participation", *AIP Journal*, 1969年7月 pp. 216～224) に基づき、モデル化した。〕

教育参加と矯正参加──これら二つの段階は、市民が非参加の状態を表している。それらの本当の目的は、当事者がプログラムの計画や立案（決定）に参加できるようにすることではない。これらの本当の目的は、「力のある人たち」が参加者を「教育」し、「矯正」することである。
説明参加と協議参加──これら二つの段階では、当事者によく聴き、よく聴いてもらえる。しかし、当事者は「力のある人たち」に参加する力がないと思われている。それは例えるなら、「筋肉」がないようなものである。
機会参加──────この段階は、「力のある人たち」がまだ決定権をもっており、「形式的参加」のより高い段階にすぎない。
協働関係、権限委譲、市民自治＝真の市民参加・参画

　第1章で、私たちは「障害」のある人々がいかに無力であるかを考えてきた。本章では、セルフ・アドヴォカシーにより、彼らが抑圧に打ち勝つ手段が講じられるよう、いかに私たちが援助できるかということを見ていきたい。

1．公教育
　社会の多くの人々は、「知的障害」のある当事者が何を必要としているのかがほとんどわかっていない。私たちが初めに述べたように、たく

さんの神話が人的につくり出されたサービス体系から生じており、彼らのまわりにはびこっている。偏見は無知に基づくものなので、一般の人々は誤った判断をもつことになる。社会の多くの人々は、弱者を抑圧したところで、何の利益もない。ただ、どうしていいのかわからないだけなのである。一方、当事者たちは、地域で当たり前に生活したいし、生活できるんだということをみんなの前で話したり、実際に見てもらうことによって、多くの人々の態度を変えることができる。

その上、「障害」のある人々は、長い間隔離され、世間の目から遠ざけられてきた。偏見がはびこるのも不思議ではないのだ！　しかし、肯定的なメディアの取り扱いに、世間の反応は、一般に好意的である。例えば、イヴの不妊手術事件〔訳注：31歳の「知的障害」のある女性に対して母親から出された不妊手術要請に関する裁判事例。1審は却下、2審は承認、とそれぞれに判決がわかれたが、1986年11月、カナダ最高裁判所は、「何人たりとも医学的理由を除いて不妊手術を強制してはならない」という判決を下し、女性を支援し闘ったＣＡＣＬ（カナダ地域居住者生活協会）及びピープル・ファースト側の勝訴となった事件〕や他の多くの論争等で、当事者へのインタビューがかなり効果的に使われていた。

2．変革のための圧力

組織の一員として活躍している当事者は、厄介な問題を抱えている。彼らは、すっかり定着した目に見える偏見と取り組んでいかなければならないからである。彼らはいつも、自分たちの態度が適切で、正しいと信じ込んでいる人々のエゴと闘っているからである。彼らはがっかりさせられることが多いが、彼らは非常に重要な役割を果たしているのである。彼らは、社会に差別をもたらすシステムそのものを変えようとしているからである。行政とやりとりすることも同様に難しいことだが、どちらとも真の変革を成すためには、極めて重要なことである。

3. 貧困と依存に打ち勝つこと

「知的障害」というレッテルをはられると、現実に仕事を得ることが極めて難しい。しかし、よりよい職業訓練プログラムをつくり、政府が資金援助している機関や雇用者、団体と話し合いをすることによって、当事者は、地域社会の中で、雇用にとってより適切な風潮を生み出すことが可能となる。

ピープル・ファーストのグループ、あるいは組織等の活動的なメンバーになることによってもまた、当事者はすぐに役立つ技術を学び、仕事への門戸を広げ、隔離の壁を打ち破るような関係もつくっていくことができる。ピープル・ファーストは当事者に具体的な仕事先を見つけてあげることはできないが、支援を提供することはできるのである。

4. 生活の意義とアイデンティティを与えること

当事者たちは、生活に意義のある活動に参加をしているので、多くの新しい技術を学ぼうというやる気をもつことができる。新しいことが達成されるように援助されるなら、当事者たちは、生活における障壁のいくつかを取りのぞくことができる。ピープル・ファーストのリーダー、パット・ワースは、よく次のように言う。「ピープル・ファーストがある今だからこそ、私は、毎朝起きる気になるのだ」。パットに会ったことがある人なら誰でも、ピープル・ファーストのようなグループでの関わりを通して、自分自身を肯定し、他の人とコミュニケーションをとることができ、他人に心を開き、支援の大切さを学ぶようになるという信じがたい進歩がもたらされるということを、パットを通して実感できるであろう。

◆　　　　　　◆

セルフ・アドヴォカシーは、本当に力のない人に力を与えてくれる。支援者はいつでも次のように自問自答すべきである。「私は支援しているときに、彼らに力を与えているであろうか？　それともだめにしてしまっていないだろうか？」

　チャンスを与えられると、当事者は、尊敬されたいとか、地域の中で居場所がほしいと言い出すことが多い。彼らが言っているのは、共同作業所やグループホームのことではない。彼らも市民であり、地域の他の市民と同じように、権利と選択権をもって生きたいと言っているのである。

　積極的な当事者は、重要かつ基本的な問題、例えば、自由、自己実現（満足）、自己決定などを取り上げる。直接の当事者でなければ、こうした人々の問題を雄弁に語ることはできない。問題に直面している人でなければ、問題はよくわからない。矢面に立っている人々がその問題をどのように解決するのか、本当に言ってくれるまでは、これらの問題に真の解決はないであろう。誰も彼らのために代弁することは<u>できない</u>。いかに善意ある、役に立つ、感覚のするどい献身的な代弁者であっても、よく教育・訓練された当事者と同じように、効果的に役割を果たすことは決してできない。

　もし誰か他の人がいつも「障害」のある人々の代わりに話をしていたら、彼らがかわいそうだと思ってほしくないとか、誰かを頼りたいとは思っていないということを、社会の人々にわかってもらうことはできないだろう。支援者や友人・介助者たちが常に介入し、代弁ばかりしていたら、彼らはますます自立することができなくなってしまうだろう。

◆　　　　　　◆

　セルフ・アドヴォカシーは、無条件に受けるに値する援助である。これは、そんなに容易いことではない。当事者が人間サービスのシステム

セルフ・アドヴォカシーとは何か　23

や社会の態度、「普通の」人々の対応の仕方を批判したときに、特に顕著に見られる。例えば、ピープル・ファーストのほとんどの人たちは、子どもを産むことや避妊、あるいは不妊手術についての決定ができるのはその人自身であるという考えをもっている。親の会の運動では意見が分かれている。

　多くの親たちは、もし自分たちの息子あるいは娘に「知的障害」があったら、自分たち親がこれらのことについて決定をすべきだと思っている。しかし、長い目でみれば、親、専門家、人間サービスに関わる援助者、代弁者が彼らの生活の真の変革を願うなら、遠慮なく、正直に、歯に衣を着せないセルフ・アドヴォカシーを支援することによって、大きく変わっていくはずである。

第3章

セルフ・アドヴォカシーを行う二つの方法

　今日、「知的障害者協会」や「地域居住者協会」、他の団体に参加を希望する当事者が増える傾向にある。また、自主的なセルフ・アドヴォカシー運動の成長も見られる。

　この手引き書は、主に、セルフ・アドヴォカシー運動の支援者のために書かれている。セルフ・アドヴォカシー運動の支援者が身につけなければならない支援の仕方と、さまざまな組織の委員会に参加している当事者に提供している支援の仕方には違いがある。これら二つのセルフ・アドヴォカシーに見られる論点の違いのいくつかを簡単に見ていきたい。

組織内当事者参画

　彼らが受けているサービスを改善し変革する唯一の方法は、力が発揮できる場にいることである。

　そのために、しばしば地方の組織の理事になっていることがある。当事者の中には、「この組織の理事になる」という大望をもっている人もいる。たとえそれが束の間のことであっても。このような組織やサービス供給の団体に参画をすることは、当事者の権利を守るために大切である。

　受けているサービスはいろいろあるが、こうしたサービスは当事者の生活にとって大変重要なものである。ある当事者にとって、サービスは

生活のすべてであり、また、ある当事者にとって、その割合はそれほどでもない。サービスを受けている人たちが強い発言力をもてるようになると、彼らの生活がもっと充実したものとなるはずである。

　組織への参画を通して、当事者はどのようにサービスシステムが機能しているか、システムを作っている元々の考え方は何か、どのような決定がサービスやサービスを利用する人になされていくのかということについて、多くを学ぶことができる。さらに、会議に参加することによって、参加者は会議の仕方、報告書の作成の仕方、規則のつくり方等について、多くを学ぶことができる。これらは、その人の人生の他の場面でも役に立つ価値のあるものなのである。

　当事者は、大変孤独な生活を送っていることが多い。組織に所属することにより、新しい友人をつくり、社会の様々な仲間たちと関係をつくっていけるようになる人たちもいる。同時に、組織の他の人々も、「障害」のある当事者のことを知り、共に活動することを通して、自分たちの生活を豊かにすることができる。

ピープル・ファースト：当事者自治組織

　当事者自身によるセルフ・アドヴォカシー組織（訳注：以後、当事者自治組織と略記）の重要性は、「知的障害」とレッテルをはられた人々によって組織され、導かれ、つくられているということである。当事者自治組織のメンバーは、これまで地域の組織の中では考えたことがないくらい、グループの考え方や活動に影響を与える機会がそれまで以上にもてるようになっている。ピープル・ファーストは仲間に力を与えることを目的としたセルフ・アドヴォカシー運動である。この運動には、三つの重要な側面がある。セルフ・ヘルプ、セルフ・アドヴォカシー、グループ・アドヴォカシーである。

自治組織としてのピープル・ファーストは、セルフ・ヘルプを通して、人々に力を与えることのできる内的なダイナミクスをもっている。グループはメンバーが新しい友人をつくり、新しい技術や地域について学び、セルフ・エスティーム（自尊感情）を形成するのを手助けすることができる。このことは、グループでの集団討議や意思決定を通して達成される。これらは、メンバーたちが評価する素晴しい技術である。
　新しい技術を学ぶ以外にも、ピープル・ファーストは、共通の体験を分かち合い、情緒的・実際的な援助を行う場でもある。メンバーたちは、自分たちの失敗や問題が他の人々と分かち合えることを理解するようになる。彼らは自分が独りぼっちではないことがわかる。
　これは、大変重要なことである。メンバーが自信をもてるようになるための最初のステップは、ありのままの自分でいて構わない（他の人と何も変わらない）と認識することである。メンバーの人生についての怒りは、よくわかるし、普通のことなのである。メンバーの「情緒的な問題」は、メンバーによって引き起こされるものではなく、社会によってもたらされることが多い、と認識することである。
　このプロセスの次のステップは、この怒りや不満をセルフ・アドヴォカシーの技術を伸ばすこと、あるいは、グループ・アドヴォカシーの技術を伸ばすこと、このいずれかを通して、積極的なアドヴォカシー行動に変えていくことである。
　個人的なセルフ・アドヴォカシーは、普通、時間をかけ、いくつかのステップを踏まえて伸びていく。まず初めに、問題はグループ内で引き起こされる。例えば、ジョンが作業所で職員の意地悪な態度に問題を抱えていたとする。そこで、次にグループでその問題を討議し、ジョンを支援する方法を決める。ここには、解決可能な方法がいくつかある。例えば、

- 何か問題が起こったとき、作業所でどう意見を述べ、どう職員に抗議したらよいのかをわかりやすくジョンに援助すること。これはロールプレイを通して行うことができる。
- ジョンとピープル・ファーストの代表、支援者が、作業所の所長と会い、その問題を語り合う。

　この議論と決定のすべてのプロセスは、セルフ・アドヴォカシーに欠くことのできないものである。経験と練習を通して、メンバーたちは、支援者が当然のことと思えるコミュニケーションと意思決定の方法を学ぶのである。
　<u>グループ・アドヴォカシー</u>もいくつかの形態がある。先の例を続けると、グループのメンバーは、自分たちがどんな仕事をしたいのかをみんなで伝えるために、作業所の職員や所属長たちとの話し合いの場を設定することができる。

第4章

組織参画とピープル・ファースト
―― その違いは重要な意味をもつ

　当事者参画を推進する組織の数が増えている。これは「知的障害」当事者には良いニュースである。当事者は、自分たちの生き方に大きな影響を与えたＣＡＣＬの訴訟、すなわち、"イヴ訴訟"における最高裁判所の勝訴判決で、すでに重要な役割を果たしてきた。この判決では、当事者本人が不妊手術をしたいと明言しない限り、何人も不妊手術を行うことができないと述べている。もし、組織内部で、当事者の強い主張がなかったならば、この事例が最高裁判所までいく見込みはなかったであろう。

組織内の当事者

　組織内の当事者参画を支援していくことが、組織の方針の試金石となる。今なお、そこまで到達するには長い道のりがある。そこには、いくつかの落とし穴がある。

　危険なのは、形式的参加である。おそらくその典型的な例として、理事会に「障害」当事者が一人いるものの、その当事者のために支援システムが何ら提供されていない組織があげられよう。もし、その当事者が何が行われているのかわからず、誰もその当事者を手助けしようとしな

ければ、その当事者にはそのことがすぐにわかってしまう。このことは当事者に二つの選択を迫ることになる。その当事者はそこにいたいから理事会に出席しようとするか、出席をやめるかのどちらかである。結局、当事者が組織内で少数派である限り、彼らはとても無力な存在となってしまう。

　私たちが必要とするのは、真の当事者参画の推進である。そのためには、その組織がどのように機能すべきかをきちんと再考するだけでなく、十分な財政上の裏付けのある支援システムがなければならない。例えば、組織への参画を望む当事者のために職員やボランティアによる支援がどうなっているかなどである。

　当事者参画のもう一つの落とし穴は、当事者を選別する傾向のあることである。多くの強い力をもつ親たちはやや短気な性格があり、対応が難しい。命令に従わない人もいる。彼らは用もないのに話したり、あたかも当事者が「カヤの外」にいるかのようにものを言う。彼らは長時間熱心に理事会に時間を費やす。しかし、彼らは難しいことを言っていることが多い。組織内での当事者参画がうまく推進できるかどうかの鍵は、支援者の選択である。当事者参画がうまく推進できるかどうかのもう一つの鍵は、当事者が監査や評価の役割をもたされているかどうかということである。多くのサービス提供者は、当事者が理事会で役割を行使できるはずがないと思っているので、このことは議論の余地のある問題である。明らかに、当事者はサービスの質に関して多くの問題をもっており、今なお、彼らはたいていその質を監査する機会を認められていない。

　当事者の利益を代弁していると称している組織の中で、当事者が発言権をもつことは大いに意味がある。しかし、地方の組織の管理運営に当事者が参画していくことは、大幅に制限されている。最も大きな問題は、当事者がほとんどいつも少数派であり、そのため投票で負けてしまうということである。当事者の存在は多数派の慈善心によって左右され、参

画能力が絶えず問題視される。程度に差はあっても、選別過程は、必ずとは言わないまでも、たいていその組織によってコントロールされている。たとえ当事者がどんなに素晴しい仕事をしたとしても、当事者はいつも誰か他の議題や課題に合わせて対処しなくてはならなくなるであろう。もしあなたが当事者支援の役割を担っていこうと決心するなら、これらの問題にまず気づくことである。

ピープル・ファースト

　ピープル・ファーストは、当事者に権利を獲得し、擁護する力を与えるための有力な手段である。メンバーは価値のある技術を学ぶことができる。ここで、ある支援者が説明してくれた三つの例を見てみよう。

　私の経験では、ピープル・ファーストがメンバーにとって刺激的な教育環境となっています。私がジョージと出会ったとき、彼のカウンセラーが、彼は書くこともできないし、上手に数えることもできないし、すぐに混乱してしまうのですよ、と語ってくれました。どんなに彼が頑張っても、彼が進歩しているようには思われていなかったのです。一年半後の今、ジョージは私に4ページにわたる手紙を書き（タイプもできる）、会議での報告もします。トロントまで一人で往復したこともあります。今や、彼は、活動的なピープル・ファーストの一員となっています。

　スウは、おとなしくて消極的な人でした。彼女は自分の意見をもっているようには見えず、一度も発言したことがありませんでした。ジムは計算に多くの問題があるとされ、自分で貯金もできませんでした。しかし、2年後の今、スウはとても活動的なピープル・ファ

> ーストのリーダーの一人であり、グループのために多くの新しい領域の仕事を手掛けたり、他のメンバーに新しい技術を教えています。ジムは同じグループの会計係です。彼は最近のダンス大会で、百人の人々に間違えずに釣銭を渡すことができました。
>
> これこそ真の進歩です。メンバーは暮らしのなかで、意義ある活動を通して技術を学びます。彼らがこれらの技術を学ぶのは、簡単なことではありません。後退することや限界もあります。しかし、一部の専門家が予想する以上に、素晴らしい結果を招くことがよくあるのです。

　ピープル・ファーストは重要な権利擁護の技術も教えている。また、カナダ全土に広まったセルフ・アドヴォカシーやグループ・アドヴォカシーの例も数多くみられる。次にいくつかの例をあげてみよう。

- ピープル・ファーストの特定の問題あるいは目標について、メディアに訴えること。いくつかの州や多くの地方自治体でこうした動きが見られる。
- 政策や法律について政府に投書すること。
- 地元選出の下院議員を会合に招き、政府の政策について組織の意見を伝えること。
- 差別の問題に関して、弁護士を雇ったり、人権委員会に出向くこと。
- 特定の問題のために組織された諸団体の連合体に参加すること。

　これらはカナダ全土で、いくつかの、あるいは、多くの組織ですでに取り組まれている活動を紹介したものである。
　セルフ・アドヴォカシーは当事者の暮らしを変える有力な手段となり

うる。

　ピープル・ファーストは、強力な組織である。ピープル・ファーストは、潜在的に、いろいろな方法で当事者に権利を獲得し、擁護する力を与えてくれる。組織を内側から変えていこうとする試みには、多くの落とし穴があり、しばしば長く困難な闘いとなる。セルフ・アドヴォカシーの二つのグループの間に生じる基本的な意見の相違は、誰が決定権をもつかということである。支援者である私たちは、その違いを理解し、当事者同士の食い違いを話し合っていく上で重要な役割を担っている。

　ピープル・ファーストが、組織における当事者参画を発展させるために都合よく本人部会として使われることがよくある。例えば、ある組織が理事会傘下の委員会の一つとしてピープル・ファーストのグループを本人部会につくりあげることは、そう珍しいことではない。このような状況が多くの混乱を生み、当事者に大きな不利益を与えることがよくある。生じている問題のいくつかをあげてみよう。

- 責任者は誰か——「本人部会」か上部組織か——ということが全然明確でない。
- 本人部会では、組織の名称を変えたいなど組織が優先しない問題に取り組みたいと思っていても、組織にとっては重要な問題ではないため、取り合ってくれない。
- 本人部会が自治組織としてのモデルを何ももっていない。なぜならば、「本人部会」そのものがすっかり組織に頼っているからである。

　当事者が自分の役割を果たす方法にはいろいろあることを、支援者が理解することが大変重要なことである。そうすれば、支援者は、当事者にあった組織がつくれるように支援することができる。

ピープル・ファーストをめぐるいくつかの混乱

　このような運動がどのように当事者に権利を獲得し、擁護する力を与えてきたかを、明らかにすることが大切である。ピープル・ファーストの各グループの目標が時として不明瞭であることの大きな理由の一つに、重要な情報源（支援者の考え方）があいまいになっていることがあげられる。

　すでに述べたように、今なお数多くのピープル・ファーストのグループが、地方の組織によって、主に社交クラブや訓練プログラム、心理療法プログラムとしてつくられてきている。このようなグループは組織に全面的に依存しているばかりでなく、彼らがセルフ・アドヴォカシー的な活動を行うことはほとんどない。このようなグループが、「我々はまず第一に人間である」と主張することはない。彼らが送るメッセージは、「我々は公的機関が行う特別な社会的行事や治療を必要とする特別な人間である」ということなのである。彼らの自立を可能にしたり、グループとして意見を述べることができるような類の活動は全くない。

　個々人の「特別な問題」に焦点を当てていることが多い。種々の活動は個人の弱さに焦点を当て、個人の問題解決を目標にしている。個人に問題解決の責任を負わせることにより出てくるもう一つのメッセージは、「システムはいいけど、私たちが必要としているのは具体的な支援なのです」ということにもなるのである。このようなグループは、そのシステムを変えるために（当事者が）積極的に動こうとしていない。つまり、メンバーはいつも受け身なのである。

　グループの活動が主に社会的な行事を行い、言い争いを避けていると、当事者の真の関係や要求は抑圧される。その結果、当事者が要求しているのは人生における真の変革ではなく、「家から出て行くための機会」

でしかなくなってしまう。

　自治組織としてのピープル・ファーストには、人々に権利を獲得させ擁護する内的ダイナミクスがある。セルフ・ヘルプが運動の有力な一部ではあるが、例えば、AA（アルコホリック・アノニマス：アルコール依存症のセルフ・ヘルプグループ）のように、ピープル・ファーストは単なる「セルフ・ヘルプ」組織ではないのである。ピープル・ファーストは「セルフ・ヘルプ・プログラム」ではない。ピープル・ファーストは、発展、進行中の運動なのである（目的の表明については第二部『リーダーになる人のために』を参照）。

　ピープル・ファーストの特長は、当事者たちのやる気、正当性への強い願い、自立への誇り、彼らが感じる人生への理解、共通の目的、集団活動にある。さらに、多くの当事者は、可能な限り多くの時間をピープル・ファーストのために使うのである。

　ピープル・ファーストには多くの特長がある。当事者が満足できるように、運動をより広める手助けをし、これらの特長を上手に活用していくことが支援者としての私たちの役割なのである。

第5章

ピープル・ファーストの強化
——良い支援者となるために

　この手引き書の4章まで、一般にセルフ・アドヴォカシーが当事者の生活をいかに良いものにすることができるかを見てきた。次に、特に自立運動としてのピープル・ファーストとピープル・ファーストの強化に支援者の果たす役割について見ていくことにする。
　ピープル・ファーストがもっている強みを脅かすものがいくつか存在する。その例を少しあげてみることにする。

（1）組織が何の目標ももたず、会議以外に何ら明瞭な活動をもたない場合、そのような組織は長く続かない。組織内のダイナミクス（例えば、新しい技術を学ぶという刺激）だけでは、会議を開く理由にならない。ピープル・ファーストの元メンバーに見られる共通の不満は、ピープル・ファーストの会議が退屈であるということである。
（2）グループが孤立化している。
（3）グループが分裂してしまうこともある。グループにアイディアがあったとしても、それらの実行の仕方がわからないことがある。
（4）外部の団体や他の組織との交流（やりとり）が対等に行われないと、ピープル・ファーストを弱体化させてしまう恐れがある。
（5）ピープル・ファーストが資金をもたず、高度に教育を受けたリーダ

ーがおらず、または、集団としてもの事をまとめていく経験にも欠けている。

　このような弱点を克服するための鍵は、支援者にある。支援者は、地域社会と地域社会から孤立しているグループのメンバーとの橋渡しをする。また、支援者は当事者自身が大きな運動を担っていることを認識し、組織の力が理解できるように支援するという重要な役割も果たすことができる。

　支援者の役割を理解するための第一段階は、まず、当事者を理解することである。過度の抑圧は、人間の社会生活の仕方に大きな影響を与える。良い支援者は、当事者を支えながら、絶えず当事者の立場からものを理解し、これまでの生活経験のなかで形づくられてきた障壁に打ち勝つように、手助けをしようと心がけていかなければならない。このことは、支援者と当事者との間の強い信頼関係を築き上げてこそ成し得るものである。信頼関係とは、支援者が当事者の身になって初めて可能となる。つまり、当事者と一体となっており、彼らの目を通して世界（もの）を見、彼らが批判されれば、味方をし、当事者を信じるという闘いなのである。この闘いは今もなされており、必要不可欠なものである。

　「知的障害」とレッテルをはられている人々は、未だかつて自分自身の権利擁護のために組織されることはなかった。だからといって、このことを達成させるために彼らを支援することは、大変な仕事である。このことの難しさを理解するためには、「知的障害」が理解力に及ぼす影響と、レッテルをはられた結果として体験してきている抑圧の影響とを、区別することが重要なことである。「知的障害」は恒久的なものであり、この状態はわずかしか変化しない。しかし、抑圧によって影響を受けるものは、とても否定的なものからとても肯定的なものへ変化させることが可能である。

例えば、ピープル・ファーストのあるグループのメンバーの一人が、読むことができなかったとしよう。なぜ読むことができないのだろうか。その人は、学習に「障害」があって、いろいろ努力をして教えても、その技術をマスターすることができなかったからかもしれない。また、非人間的で抑圧的な施設で育ち、薬物を大量に投与され、何ら教育を受けることができなかったことが原因だったかもしれない。もし後者のことが事実であるとすれば、それはその人が読める可能性をもっているということになる。特に、そのような機会があったなら、その人にとって重要な何かをなしうる可能性があるということである。オンタリオのピープル・ファーストで議長を務めるパトリック・ワースは、養護学校を卒業した後、16歳にして初めて、読むための勉強をはじめたのである。

このような例をあげたのは、単に、人間の能力とは何かを考える必要性を述べたかったのであって、読むことができない人はだめだと言っているわけではない。読むことができようができまいが、一人ひとりのメンバーがピープル・ファーストへの完全参加の権利を平等にもっていることは明らかである。セルフ・アドヴォカシーを支援する人たちでも、社会的に評価される技術（例えば、読むこと、話すことなど）をもつ当事者としか共に活動しない場合が多すぎるのである。

極度に抑圧を受けている人たちと共に活動するには、多くの課題が残されている。

さまざまな課題

抑圧がもたらす影響の強さに打ち勝つための第一段階は、その抑圧を理解することである。第二段階は、その影響の強さを理解することである。このような段階を踏んで初めて、解決策を見出すことができる。これまでは抑圧について述べてきたが、これから先は、第二、第三段階を

述べていきたい。

1．当事者は、被害を受けやすい

　過小評価され、過保護にされ、隔離され、虐待されてきた人々は<u>変化を恐れる</u>傾向がある。すなわち、よく知っている状態にとどまっているほうが、危険を承知で未知の世界に踏み込んで死に至るよりもましということである。そのシステムから実際に抜け出そうとする人々は、かなりのストレスをかかえるという代償を払い、「問題行動」というレッテルをはられることが多い。変化を恐れると、不幸せであっても幸せであると言って、ごまかしてしまうことがある。それは、一つの生存本能である。このことは、次のような出来事からも分かる。

> 　私がピープル・ファーストの話をするために、X町にある作業所の利用者を訪ねたとき、作業所の所長はまず、所長である自分と話をするようにと言った。所長は私に作業所が行っているプログラムを長々と説明し、とてもうまくいっていると言った。所長は、「ここの利用者はとても幸せですよ」、「私たちは利用者と良い関係にあると思いますよ」と言っていた。その日の夕方、私はピープル・ファーストについて、利用者と話をした。スタッフはおらず、私と彼らだけであった。私はピープル・ファーストの目標や地域生活について話をした。最初、あまり意見がでなかった。しかし、緊張をほぐすような話をすると、私が地元の組織と何の関係もなく、彼らを支援するために来たことがわかり始めてきた。すると、一人の男性が立ち上がって次のように言った。「給料が少ないことに不満があるんだ」と。別の人が立ち上がり、「職員の関わりに不満がある」と言った。知らないうちに、私たちは健康や安全対策、グループホームの職員の問題、作業所内での当事者グループのつくり方、さら

にストライキのやり方についても話していた。ミーティングの後、その日の夕方に話したようなことを、これまで一度も話したことがなかった、と話してくれた。(ピープル・ファーストのオンタリオ会議、支援者養成講習会、話し手不明)

　社会でよくある別の誤解は、ある特定の貧しい、土地や家を持たない人々の、いわゆる「無関心」である。組織化の手助けをしようと、このような人々と共によく仕事をする素晴らしいまとめ役なら、「無関心」の裏には恐れがあることにすぐ気づくであろう。ほんのわずかな物しか持たず、それすらも失ってしまうことを恐れている人々は、「カヤの外に身をおく」ことによって身を守ろうとする。受け身や無抵抗という長い間身につけてきた生活パターンを変えることは大変なことである。
　一人の人間として、支援者は当事者を信じており、うまくいかないことがあれば彼らをバックアップするからね、ということを行動や言葉を通して継続的に示すことが重要である。
　当事者が被害を受けやすい理由の一つに、彼らがプライバシーをもっていないということがあげられる。当事者の生活に関わっている家族や職員、専門家の間では、頻繁に話し合いをしている。多くの支援者は、自分たち自身の「外聞をはばかる家庭内の秘密」はおそらく漏れることがないであろうと安心しているが、多くの当事者の場合、彼らの生活の些細なこともたいてい公然の秘密となり、簡単に知れわたってしまう。
　そのため、支援者は秘密事項を決して漏らさない、ということを当事者に理解してもらうことが重要である。グループで内々の会議を開くことは、一般によくある。支援者は、その原則を守ることを当事者に伝える努力をしなければならない。

2．当事者は生活を厳しく制限されている

当事者は意思決定をする際、彼らに役に立つ選択肢すら示されない場合が多い。支援者は意思決定をする際、さまざまな体験から学んだことを意思決定に生かしていることが多い。情報不足のせいで間違った決定がなされようとするとき、支援者はいつ介入すべきか判断しなくてはならないことがある。例えば、あるグループが年金制度を説明できる人を探していた。そのグループの当事者たちは、経験がなかったため自分の組織の事務局長しか思いつかなかった。そのとき支援者は、法律家や弁護士、公務員、政治家等、他にも説明できる人が何人かいると提案してくれた。

支援者が示してくれた人たちを参考に、当事者たちは、法律相談を担当する弁護士に講演を依頼することに決めた。この例では、支援者は当事者組織と地域の諸団体との結びつきを強め、地元の親の会などへの依存を減らしたのである。

依存が減ることは、自立と意思決定をもたらす。ピープル・ファーストは、当事者が自分たち自身の生活について意思決定をし、その決定に責任をとる上で滅多にない機会の一つとなりうるのである。

この場合、支援者が介入しないほうが誤りだったと言えよう。誰に頼まれたわけではないが、状況が介入を要求したのである。このグループは、実際的な解決のおかげで成功した。目標の一つは、当事者が、自分たち自身で多くの情報から類似の決定を下せるようになることである。これは、<u>行動することによって学んだ</u>例の一つである。

3．失敗の予感

「知的障害」とレッテルをはられた多くの人々は、彼らが悪いと言われることが多い。失敗と拒絶ばかりの生活が繰り返されると、急激な変化は生み出されにくくなる。

こうしたことがもたらす影響を見てみよう。

- 自分自身にあまり期待しなくなる。
- 周りの環境に根本的な変化を何ら求めなくなる。

例えば、あるグループが作業所で賃金について話し合っているとする。彼らは、驚くほどの低賃金で納得してしまう場合がある。

「私たちは2週間ごとじゃなくて、毎週もらえるからいいわ」
「そうね。少なくとも月に1ドル以上もらうべきだわ」
このことは、生活を貧しくしている明らかに大きな問題なのである。

ある支援者は、このことを次のように説明する。

> 当事者の中には、自分自身を過小評価して、権利とは何かを考えたことすらない人がいます。生活の中で、何が起ころうとそれだけのこと。それでおしまい。
>
> 私たちと話をしているうちに、養父に性的虐待を受けていたことに初めて気づいた女性がいました。彼女はもちろんそれをどうにかできるとも思わず、それが間違った行為だということにもほとんど気づいていませんでした。

このように、当事者はとても貧弱な自己像を抱いていることが多く、自分自身についても、他の仲間についても、否定的にとらえている。自分自身の意見を過小評価するだけでなく、時には他の仲間の意見を「バカだな」とか「ダメだな」と言って、さげすむこともある。このことは、当事者同士のコミュニケーションやグループの団結をはかることを大変

難しくしている。重大な決定をしなければならないとき、どれだけ多くの支援者が重苦しい長い沈黙が終わるまでじっとしているという経験をしたことか。この沈黙は、「知的障害」によるものではなく、大部分は否定的な自己像によるものなのである。

当事者に自信をもってもらうために、支援者は、当事者の生活に変化をもたらす強いインパクトを与えるグループ活動計画ができるように支援しなければならない。当事者に自分たちの生活をどう変えることができるかを示す唯一の方法は、実際に、彼らに体験してもらうことである。例えば、もしピープル・ファーストのあるグループが、ある一人のメンバーの生活状況を変えることができれば、仲間たちもそのことを知り、勇気づけられるであろう。行動による学習は、とてもよい教訓になる。

一人の人間として、支援者は、社会とは違って、仲間として大変期待しているということを常に示さなければならない。「たとえ社会があなたたちは意思決定できないと言ったとしても、私はあなたたちはできると思うよ」と。どの人も隠された才能を蓋が取られるのを待っていると信じられない支援者は、大したことはできないであろう。支援者は、当事者を信じなければならないのである。

当事者が「自分を誇りに思うようになる」までには、多くの支援を必要とする。グループが努力して成功しても、当事者たちがその成功を軽視したり、それに気づかないということさえよく起こる。「知的障害者協会」が「地域居住者協会」に名称が変わったことを、ピープル・ファーストの当事者たちがどのくらい知り、理解しているだろうか。不妊手術の強制を決定した「イヴ判決」(訳注：第2審判決)や、それに対してとても意義のある勝利をもたらした(訳注：最高裁判決)のが、当事者の権利を獲得し擁護する当事者自治組織だったことを、どのくらいの人たちが知っているだろうか。セルフ・アドヴォカシー運動の歴史は短いが、素晴らしいものをもっている。それは誇っていいことなのである。

「障害」のある人たちの実績が社会の人々に認められることはほとんどない（リック・ハンセンのような超人的な人は別だが）。支援者は、当事者が自分たちの実績を誇りに思うようになるのを支援することができる。個人として、グループとして、そして、運動としての自分たちの実績を知ることは、力づけられる体験となる。

4．抑圧の克服が怒りをもたらす

一見従順な人々が、不当な権利侵害を受けてきたことや自分たちには権利があるということを認識し始めると、突然怒りを露わにするといった予期しないことがよく起こる。このことは、多くのサービス提供機関がセルフ・アドヴォカシーに反対してきた基本的な理由の一つである。

「障害」のない人々は、怒りを表現し、変化をもたらすチャンネルをもっている。私たちの多くは、経験を通して、多少なりとも建設的に問題に対処する方法を学ぶ。抑圧された人々は、自分たちの怒りが間違っているとか、根拠がないと教え込まされている。さらに、彼らは自分たちに対してなされていることに何ら感謝の意を示さない、と見られている。

この怒りを表現しようと討論会を開くと、それこそが本当に解放感を味わう経験となりうる。このことは自信となる。また、より自己を表現するためのステップともなる。さらに、変革への積極的な行動をももたらす。

この怒りはむきだしの怒りで、何でも激しく非難することがよくある。その怒りをコントロールしようとしたり、それを否定してしまおうとさえする支援者があまりにも多すぎる（「そんなに否定的になるなよ」）。

ニュー・ブランズウィックのあるグループが全員で出かけたとき、地元のレストランから入店を拒否され、皆、憤慨したことがあった。彼らは会議をもち、自分たちの権利を主張するために、グループとしてオー

ナーに会いに行くことを決めた。それは当然の決定であり、皆が同意した。

　支援者は会議に遅れて着き、その決定を聞いて、すぐにその決定を変えようとした。彼は心配したのである。というのは、ここは小さな町であり、このような動きは大騒ぎになるからだった。自分の手に負えなくなってしまう！　と思ったのである。彼は介入し、自分の権限を利用して、レストランには自分が行って、スムーズにことが運ぶように、当事者たちを説得した。

　最終的に、彼はオーナーを説得した。しかし、グループに何が起こっただろうか？　グループとして権利を主張していく初の試みは、つぼみのうちに摘み取られた。当事者に対する支援者の力は強化された。当事者たちは、多少間違いを犯しても、自分たち自身のために権利を擁護していく方法を何ら学ばなかった。それ以来、このグループは、主に社会的な行事を行うことに熱中している。おそらくこの出来事は、グループが行ったいくつかの権利擁護運動の中でも、初めてのものであったであろうに。

　怒りは必ず出てくる。時として、怒りは、社会の中で比較的力をもたない人々、すなわち、作業所の職員、親、友人、支援者に向けられる。これらの人々は当事者の怒りの要因の一部ではあるかもしれないが、主な原因は、施設長や方針決定に携わる行政の管理責任者など、もっと遠く離れて彼らにはおそらく見えていない人たちにあるのである。

5．貧　困

　抑圧されている人々は貧しい。その上、ピープル・ファーストのメンバーたちは、わずかなお金も自由に使えないことがよくある。このことが、組織化する際とても現実的な問題をいくつかも引き起こす。会議を開くにも、費用が地元の団体から支払われなければ、大変なことになる。

仮に、会議室の借用料が一晩につき20ドルとすると、自分たちの会議の場所を見つけることが難しくなる。

時として、これらの問題解決策が私たちの目の前にあるのに、私たちはそれに気づかない。ボランティアの運転手がいれば、交通手段は解決できる。会議の場所は、退役軍人会やメンバーの部屋、教会の地下室などが無料で借りられる。これらは、すべて当事者ができることなのである。

当事者グループは、資金調達のためのイベントを行い、少し貯金することもできる。支援者は、グループのためにたくさんのお金を貯めるように勧めることがあまりにも多い。こうすると、グループが資金調達以外に何もしなくなり、その過程で目的を見失ってしまう危険性がある。多くの他の貧しい人々は、従来、お金などほとんどなくともうまくやってきている。私たちは、このような人たちから学ぶことができるのである。

自分たちのお金を自由に使えない人々は、グループのお金を扱うのに問題がある。経費のすべてをグループで検討していくのが賢明である。少なくとも、グループがうまく機能するようになるまでは。お金をそれほどたくさん持っていなければ、多くの当事者は、節約の重要性を重視するようになる。

当事者たちの多くは貧しいが、多くの時間をもっている。支援者は忙しすぎて、このことに気づかないことが多い！　お金を貯める良い方法は、ゆっくりともの事をこなす（タイプを打つ代わりに手書きをする。会議には、タクシーを利用する代わりに歩いていく）ということである。

支援者は環境の所産である

当事者に対する抑圧の影響を取り除くことが課題である。支援者はま

た、社会の大多数の人々に植え付けられてきた行動のあり方をも変えていかなければならないという課題をもっていることを認識しなければならない。私たちは、現状を受け入れ、順応する役割を演じるように社会化されてきた。私たちは、疑問などもたないようにと教えられる教育体制の所産でもある。私たちは、知らない人と一緒にいるのが苦痛である。抑圧を理解するのは難しい。なぜなら、私たちは抑圧体制の中に組み込まれているからである。私たちの課題は、バカにされても、軽蔑されても、笑われても、孤立させられても、恩を着せられても、この壁を取り壊していくことである。

　支援者がまず認識しなければならないことは、当事者が力不足であり、その上、力をつける方法を知らないということである。支援者の役割は、当事者が権利を獲得し、擁護する力を与えることなのである。

第6章

権利の獲得と擁護(エンパワーメント)
——プロセスと関係

　すべての支援者が同意しているわけではないが、この手引き書の基本的前提は、支援者がセルフ・アドヴォカシー運動においてかなり大きな力をもっているということである。支援者は、素晴らしい技術・経験・知識をもっており、地域社会の住民からかなり高い評価を受けて、豊かな生活を営み、経済的には、当事者よりもかなり安定していることが多い。当事者は支援者を上に見、尊敬していることが多い。それは、支援者が当事者を尊敬し尊厳をもって遇してくれる数少ない人々の一人だからという理由だけかもしれないが。したがって、支援者の力を無下には否定できない。

　支援者は、グループの発展の仕方に大きな影響力をもつ。例えば、あるグループが支援者を替えると、そのグループのあり方も変わるということがよくある。このことは理解できるが、常に良い結果をもたらすとは限らない。例えば、主に余暇活動に取り組んでいるピープル・ファーストのグループには、地元の機関でレクリエーション・サービス関係の仕事をしている支援者がついていることが多い。議論を避けているピープル・ファーストのグループには、地元の所属団体に勤めている支援者や当事者が受けるサービスと関係した支援者がついていることが多いのが実態なのである。このようなグループには、以下のような運営上のル

ールがある。「ピープル・ファーストの会議に個人的な問題を持ち込んではいけない」。次のようにも解釈できる。「グループのある特定のメンバーだと分かるような現実的な生活上の諸問題を持ち出して、団結を乱してはならない。自分たちの手で事態を大きくしてしまうだけだ！」これは、「その場に相応しくない行動」とか、時には、「話題の回避」としても知られている。

　支援者には力がある。支援者の任務は、当事者が力を得ることができるように自分の技術を教えることである。支援者の力について考える際問題となるのは、「ピープル・ファーストの中で、支援者がどのくらい大きな力をもっているのか」ではなく、「当事者の権利を獲得し、擁護するための力をどのように使っているのか」ということである。

　最良の支援者でさえ、とりわけストレスがある場合には、当事者を支配して不当に力を行使してみたくなるものである。支援者の力やその力の乱用を理解することが、支援と支配との間に生じるジレンマを克服する重要なステップとなる。

利害の衝突

　支援者になるにあたっての最大の課題の一つに、利害の衝突があげられる。利害の衝突は、グループのニーズが支援者のニーズと全然一致していないときに起こる。グループと支援者の利害が衝突しているのである。

　当事者にサービスを提供している機関から支援者が給料をもらっているときに、問題が生じることがある。例えば、あるグループが作業所の運営方法に不満をもっているとする。その際、支援者はスタッフの一員である以上、そのグループを支援していくことが難しくなるかもしれない。このことは、最も顕著な利害衝突の例である。しかし、時として、

利害の衝突が知らない間に起こる場合もある。

　支援者は、教育があり、社会的地位をもつ専門家であることが多い。当事者は専門家ではないし、また、決して専門家になることもない。専門家は、当事者をクライエントとしてみるように訓練されており、支援者としての役割を担っていてもそのような立場を克服するのが非常に難しい。専門家は1対1で関わりをもち、結果を測定・予想する訓練も受けている。このアプローチでは、さらに成長し、発展していくグループの場合はうまく機能しない。専門家には、適切で、秩序正しくシステム化されたものを得たいという傾向がある。当事者はおそらく、特に初期の段階においては、高度に組織化されたまとまりのあるグループを用意できないであろう。

　支援者は、ピープル・ファーストとの関わりを通じて、サービスのシステムや社会の態度を変える手段を見つけようと努めていることが多い。彼らには、きちんとした動機があるかもしれないが、彼らが求めている態度は、他の組織の経験に基づいたもので、ピープル・ファーストが求め、支持している手段ではないかもしれない。支援者が、組織内で起こる派閥間の争いにピープル・ファーストのグループを引き込もうとすることがしょっちゅう起こる。

　支援者は、ピープル・ファーストが何をなすべきかということに強い意見をもっている場合がある。当事者が別の問題に興味をもっている場合に、支援者が自分の考えを押しつけるならば、このこと自体が利害の衝突になりうる。支援者が支援という仕事をどう行うかに、すべてがかかっているのである。

　支援者は、当事者のような暮らしを体験したことがない。したがって、支援者は、支援する前にはいつも次のように自問自答してみる必要がある。「これは私が望んでいることなのか。それとも、グループが必要としていることなのか」と。

自分自身の力や利害衝突の可能性を否定する支援者は、口論や議論を避けるために、おそらくグループや当事者を上手に操ろうとするであろう。支援者のこの巧みな操作が、運動において大きな問題となる。

　皮肉にも、ピープル・ファーストに疑問をもっている人々は、このことを巧みな操作とは見ていない。むしろ、支援者の巧みな操作が批判されるのは、いつもピープル・ファーストのメンバーが、自信をもって自分たちの生活を主張し、何らかの変化を提案し始めるときである。批判する人たちは、当事者が取り上げた問題によって、逆に非難されていると感じる人たちであることが多い。

　当事者たちは、自信がないときには自分の意見を主張しない。彼らが自分の意見を主張すると、支援者が裏で操作していると非難される場合が多い。これは、支援者に対する批判だけでなく、自分の意見を述べようとする当事者に対する侮辱でもある。

　これまで、利害衝突のあらゆる側面を見てきたが、今日、多くの支援者が利害の衝突に直面していると言ってもよいであろう。これが現実なのである。利害が生じ、支援者がみんなやめてしまえば、運動は悲惨な結果になってしまうであろう。

　もし、あなたがこのような状況にあると気づいたならば、以下のような支援計画を作ってみるのがよいであろう。

- 適当な良い後継者を見つけてやめること（数ヵ月はかかるであろう）。
- あなたができないときには、手助けしてくれる代わりの支援者と協同で活動すること。
- グループで問題を討論した後に、利害の衝突の渦中にある議論には加わらないこと。

　支援者がまず考えなければならないことは、権力の問題に敏感になる

ことであり、支援者の基本的な役割は、当事者の権利を獲得し、擁護することである。

権利獲得・擁護

　もちろん、支援者は奇跡を生むことなどできない。社会において、真の平等や真の力を得るまでは、当事者たちは、長く困難な状況にある。しかし、まず第一にやらなければいけないことは、セルフ・アドヴォカシーを発展させることである。権利獲得・擁護のプロセスにおいて、支援者は重要な役割を担っているのである。

　権利獲得・擁護は、長い道のりであり、魔法の呪文ではない。時として、支援者の中には、権利獲得・擁護を、単に当事者に彼らの権利を知らせることだけだと考えている人もいる。プロセスが無視されたのでは意味がない。人は、自分に応じたスピードとやり方が駆使されれば、力がもっと発揮される。

　結果は保証されるわけではないが、大変積極的になることが多い。事実、多くの支援者が述べているように、支援者としての最大の報酬は、社会から置き去りにされた人たちの権利を獲得し、擁護することに力を貸せることである。長きにわたって、抑圧を受け、感覚を麻痺させられてきた人々が、人としての活力を開花するのを見ていくことにより、支援者はセルフ・アドヴォカシーに関与してきたことの正しさを認識できるのである。

　そのプロセスの一翼を担うために、支援者は権利を奪われてきた人たちとの関係を築いていかなければならない。それは、当事者に耳を傾けるという心からの想いや、彼らを尊厳のある人間として尊敬することである。第一部の後半では、権利を獲得し、擁護していくプロセスと、支援者がこのプロセスの中で当事者とどのような関係をもっていくのかに

ついて、見ていくことにしよう。

第7章

まとめ役としての支援者

　支援者の役割は、当事者組織をつくろうとする人たちを援助することである。支援者は当事者組織内で議決権をもたない。その代わりに支援者は、なぜ彼らが組織されたのか、グループがどのように機能すべきか、組織として向かうべき目標は何か、またいつ、どこで、どんな活動をすべきかということを組織内の当事者が理解できるように時間を費やすべきである。支援者は、組織内で民主的な活動が行えるように支援する。つまり、支援者は彼らを支援するのであり、指導するのではないということである。一般的に支援者は表には出ないものである。支援者は総会の間中、部屋の隅のほうに座っているべきである。良い支援者とは、謙虚であり、組織から発言を求められた場合に限り、手短に話すものである。支援者にとっての最大の過ちとは、組織を支配してしまうことである。支援者が組織の発展を支援し得るいくつかの主だった方法をここにあげてみよう。

1．情報を提供すること

　当事者たちは、ある特定の問題を決定するのに必要な詳しい情報が不足していることがよくある。しかし、支援者はその情報を彼らに提供することができる。支援者は、長い間その地域で暮らしているからである。

例えば、あるグループがその地域で実際に職を得るための陳情の仕方を知ろうとしていたとする。支援者は、地元の実力者や弁護士、公務員や政治家など、いくつかの情報源を教えてあげた。当事者は経験が不足しているため、自分たちの知っている団体の事務局長しか思いつかなかったかもしれない。しかし、支援者が示した別の選択肢を参考に、彼らは、女性や先住民や「障害」のある人たちの雇用平等促進連合会を組織した地域の活動家をゲスト講師として招待しようと決めた。その講師は、そのグループが必要としていた適切な情報を与えてくれた。

このケースからもわかるように、支援者はグループと地域の諸団体との結びつきを強め、地元の所属団体への依存を減らす役割を果たしてくれたのである。

２．意思決定を援助すること

ピープル・ファーストは、当事者が自分自身の生活について決定し、その決定に責任をもつ初めての機会になることが多い。ピープル・ファーストは、おそらく当事者が集団として初めて意思決定を行うプロセスである。支援者は当事者がその決定のそれぞれの段階をきちんと理解できるように、このプロセスに手を貸すことができる。

よく考えて決定を下すのには、多くの時間を費やすかもしれないが、支援者はその行為を尊重することが極めて重要である。決定のプロセスは、決定の結果同様に大切なものである。どんな支援者も、待てなくなったり、当事者のために何かを決定するというような過ちを経験している。このことが、当事者の否定的な自己像を強化し、支援者への依存を増長しているのである。

３．組織のつくり方を教えること

支援者は、会議の仕方や記録の管理、また、選挙の仕方などの知識を

教えることができる。これらの技術は、当事者がうまく権利の主張ができるようになる上で極めて重要である。組織化されたグループは、当事者に権利を獲得・擁護する力を与えるのである。無秩序のグループはそういう面では弱い。

　組織化をグループを援助する道具と見なすことは重要だが、それ自体が目的となってはならない。あまりに組織化されると重荷になり、グループの発展を妨げてしまう。組織したてのグループは、創設してから6カ月たつまでは会長も議長も必要ないと思うかもしれない。しかし、これまでの経験から、ピープル・ファーストにはリーダーが必要であり、その上、メンバーから選任された事務局長がいてはじめてピープル・ファーストが機能していくことが証明されている。

　ピープル・ファーストの歴史において、支援者は組織化しすぎたり、組織化を無視したりという両方の過ちを犯してきている。例えば、会議のやり方や、そこで何を話したいのかということを初めに真面目に考えもしないで、どのように会議の議長を務めるかとか、動議の出し方、議事録のとり方、予算の編成の仕方などを理解することにエネルギーを費やしてしまうことがよく起こる。典型的な例をあげると、非常にうまく資金を調達することができたが、グループの目標や優先順位がなかったために、お金の使い方がわからなかったというグループがある。どのような組織が必要かを決める前に、目標が何であるかを理解していなければならない。組織化が進むと、目標がますます高くなり、当事者はより経験を積むようになる。ただし、活動はますます複雑になる。組織化しすぎたグループは崩壊も早い。

　オンタリオのピープル・ファーストは、1983年から1984年にかけて崩壊寸前であった。リーダーもメンバーもピープル・ファーストの当面の目標はおろか、基本的な目標すら明確でなかったからである。その上、ほとんど意味のない組織化で、支援もほとんどなかった。組織の立て直

しには、目標設定や、組織の発展に本当に必要な構造をつくっていくという長いプロセスを必要とした。オンタリオのピープル・ファーストは、現在、重要な権利擁護団体として発展をし、大きな進歩を遂げている。

４．計画すること

　当事者たちは、生活全般にわたって他の人々によって決められていることが多い。支援者は、グループが一定期間の目標や目的を立てるのを支援し、それぞれの活動を計画する際に、重要な役割を果たすことができる。その他のどんなことについても言えるが、支援者は計画プロセスのテンポを重んじなければならない。その<u>プロセス</u>こそが極めて重要である。当事者はそのプロセスから学ばなければならない。支援者にとってあらゆるグループの当事者が、何らかの形で必ず計画に参加できるようにすることが極めて重要なことである。いったん、グループとして計画のプロセスに参加してしまえば、その計画を行動に移すのは簡単なことである。なぜなら、みんながそのプロセスを理解しているからである。

　まとめ役としての支援者は、絶えず自分の技術を当事者に伝えなければならない。支援者は何らかの務めを果たし、職務として当事者を支援するときには、いつも、当事者がグループ内で最終的にどう責任がとれるのかを考えなければならない。例えば、最初の会議が行われる場合、支援者は当事者が日時と場所の確認をするために、２～３日前に参加者に電話をかけてもよい（必ずというわけではないが）。もしくは、支援者はコーヒーを入れたり、クッキーを持っていく役割を担ってもよい。しかし、これらの仕事は、できるだけすみやかに当事者に引き継がれなければならない。これらの仕事が引き継がれるようになると、支援者は、グループが会議を続けているときに、新しい仕事にとりかかれるかもしれない。例えば、グループがあることについて地元の団体に手紙を書こうと決めれば、手紙が書き上げられるように手助けをするのが支援者の

大きな役割となる。

　ある意味で、支援者は自ら職を失うように働いているのである。ピープル・ファーストの中には、支援者をもたないところがある。彼らは多くの人たちがしているように、地元の専門家から助言を受けている。支援者電話相談システムをもっているところもある。これらの支援者は、時々会議にやってきて、必要があれば援助をする。グループの支援者の多くは、グループのほとんどの会議に出席している。良い支援者というものは、常にグループ内における自分の役割を変えようと努力している。この努力発展のプロセスは、じっくりと検討・計画されるべきであろう。

　ピープル・ファーストでは、精力を使い果たしてしまって支援者がグループから手を引いてしまうことがしょっちゅう起こっている。当事者がより多くの技術を習得していくにつれて、支援者が徐々に自分の仕事から手を引いていくことは良いことである。しばらくたって、支援者が別の活動を始めたいと思うのも自然なことである。しかし、「手を引く」とか「手を離す」のは徐々に行うべきであり、あらかじめ計画し、当事者の十分な理解を得て行われるべきである。交替をきちんとしないまま、グループを後にすることは決して行ってはならない。

リーダーの養成

　支援者がグループから手を引き、当事者が自分たちでやれるように援助する唯一の方法は、リーダーとして何人かを養成していくことに専念することであろう。支援者一人でその人が願ったとおりの技術を一人ひとりの当事者すべてに伝えていくことはほぼ不可能だからである。支援者は、リーダーたちの養成と、リーダーたちが支援者のもっている技術を習得し、利用していけるように勇気づけることに力を注ぐべきである。遅かれ早かれ、支援者がいなくても、グループ内で多くの技術を獲得し

始めるようになる。

　グループができてはじめの数ヵ月は、支援者は中心となっているリーダーたちと個別に会って会議や活動の計画を立てるべきであろう。そうすることによって、支援者がより積極的な役目を果たし得る場となる。グループが役員会の役員の選出を決めたならば、支援者は役員会の役員たちと会合をもつべきである。こうすれば、支援者は総会で、より「目立たない」存在でいられるようになり、当事者は誰にも邪魔されることなく直接リーダーたちと話し合いをすることができるようになる。

　ピープル・ファーストのグループの最大の欠点の一つに、リーダーが育っていないことがあげられる。リーダーを全くもたないグループの共通の特徴は、会議中に「私にではなく、会長に話して下さい」というように、支援者が絶えずコメントを述べる場面が見受けられることである。もしくは、他の支援者に聞くと次のようなことを耳にすることもある。

「彼らは何か問題があるときは必ず私に電話をかけてくるけれど、決して会長や仲間同士で電話をかけることはないのです」
「私は手を引こうとしているのですが、彼らがそうさせないのです」
「私がすべての仕事をしてしまっているのです」

　これらの問題から、グループがどう機能していると考えたらよいであろうか。おそらく、グループの機能は次のようになっているのであろう。

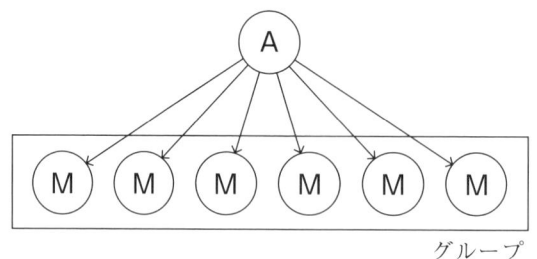

A＝支援者
M＝メンバー

- どのコミュニケーションも支援者を通して行われている。
- メンバーは支援者から指示を受けている。
- メンバーは支援者を頼り、尊敬しているが、当事者同士はそうなっていない。
- 当事者管理のモデルがない。

このモデルは「私こそがリーダーだ」ということを意味している。

こうなると、彼らに対する過小評価は、さらに強化されてしまう。
これは<u>支援者がそうさせた</u>から出来上がってしまったモデルである。それにはいくつか理由が考えられる。

- 支援者は、当事者を養成、援助しないで自分の仕事ばかりしている。
- 支援者は、当事者が自分たち自身でグループを運営できることを信じていない。
- 支援者は、当事者の言うことに耳を傾けず、当事者の求めに応じた支援をしない。
- 支援者は、グループの当事者と個別に援助する時間をもつだけで、グループの発展などには時間をかけない。

このような状況を回避し、克服していく唯一の手段は、当事者たちが社会から押しつけられてきた行動の仕方(すなわち、支援者を「専門家」と評価し、自分たちを過小評価してしまう点)に、絶えず意識的に働きかけていくことである。
　その方法の一つとして、支援者は、次のモデルのようなダイナミクスを促進すべきである。

まとめ役としての支援者　61

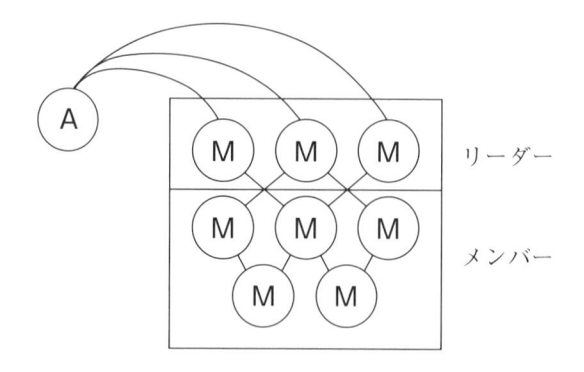

```
         ┌─────────────┐
    A    │  M  M  M    │  リーダー
         │  M  M  M    │
         │   M  M      │  メンバー
         └─────────────┘
```

このモデルは次のようなことを意味している。

「あなたがリーダー。
私たちも全員がリーダーになることができる。
私たちは自分たちで権利を獲得し、擁護できる人間だ」

このモデルは次のような結果をもたらす。

- 支援者とメンバー間の「平等」
- 過小評価された人たちにこそ価値のある役割を
- グループの自立
- 当事者間の相互依存、相互作用、協力、団結

　支援者の役割は、グループを指導することではなく、<u>グループのリーダーを養成すること</u>である。そうするためには、正式に任命されたリーダー、もしくは非公式のリーダー数人の中心的な人たちと一緒に仕事をしていくことが、最も良い結果になることが多い。そこで指導的な人々と一緒に会議や活動を用意することに精力を注ぐことで（役員会もしくはそこで中心となっている人たちとの個別の話し合いを通じて）、<u>彼ら</u>

は支援者の技術や知識を身につけ、権利を獲得し、擁護できるようになるのである。彼ら自身が専門家になり、尊敬されるようになれるのである。彼ら自身が、当事者自らが素晴らしいリーダーになれる、という生き証人になるのである。

　支援者が、ある人たちのリーダーとしての可能性を見極め、そのことに精力を傾注させれば、支援者は大きな力を発揮することになる。

　この場合、この力はうまく使われなければならない。支援者は過ちを犯すこともある。よくある過ちは、多くの技術を身につけている人をリーダーにふさわしいと見なしてしまうことである。技術の高さだけをリーダーを選ぶための基準として用いると、少なくとも二つの落とし穴がある。

（1）高いレベルの技術を身につけている人がグループのリーダーになろうとしなかったり、セルフ・アドヴォカシーの価値や目標を信じようとしないかもしれない。
（2）ピープル・ファーストを「非常に有能な」エリートによって導かれる運動にすることはできるが、それでは運動の基本的な目標が失われてしまう。

　リーダーとしての技術の中には、読むこと、書くこと、話すこと、組織をまとめることなどがあげられる。しかし、運動の目標を追い求める姿勢、仲間への信頼、支援団体の力を理解すること、権利を主張すること、チームワーク力、謙虚さ、人生経験などのほうがより重要な能力であり財産となるであろう。ともすると、支援者は、後者の技術を無視し、前者の技術だけに目を奪われることが多い。

　特にカナダのピープル・ファースト運動の初期の頃に起こった問題は、リーダーになる人たちが、多くの面で他の当事者とは違っていることだ

った。メンバーの多くが、施設入所の経験があり、かなり貧しく、家族から見捨てられ、無視され、地域社会から隔離され、読み書きの能力が欠けていたりするのに、リーダーは施設に入った経験がなく、裕福で、教育の程度も高く、社会的な技術をもつ家族に支えられ、比較的良い環境の中で育ってきた。このような人たちが、運動の初期の頃の支援者に養成されてきたリーダーたちであった。

　このリーダーたちの中には、うまくリーダーシップをとれた人たちもいたが、大変問題のある人もいた。彼らは他の当事者とうまく関わりがもてず、彼らを「重すぎる」とか「何もできない」などと見下す人さえいた。リーダーの中には「支援者」と称して、自分たちを「障害」をもつ当事者の上位に位置づける者もいた。一方で、リーダーとしての素質をもっている人たちは、洗練されていないとか、自分たちのこともできないのに、という理由で無視された。

　最良のアプローチの仕方は、リーダーのチームをつくり、一人ひとりの技術や資質を結びつけることである。良いまとめ役というものは、それぞれのリーダーがいかにグループに貢献することができるのかを心に留めており、一人ひとりの当事者がもっている能力を知っているものである。

　マーガレットはもの静かだが良いまとめ役であるとしよう。彼女は会長としては最適ではないかもしれないが、副会長にならなれるかもしれない。ジョージはお金の管理ができないので、会計係にはむいていないかもしれないが、彼は大変熱心でお話も上手で、タイプライターを打つことができる。彼は良い書記になれるかもしれない。

　最も大切なものはひたむきさである。その人がこの運動を本当に信じられるかどうかである。

支援者はグループの代弁者か

　まとめ役の役割は、人々がより大きな力を得るための組織化を援助することである。良いまとめ役は、もの事がうまく進むように働きかけるが、当事者に代わって何かをすることではない。

　たまに、支援者がある当事者個人を擁護したり、手を貸したりすることも重要である。それは時としてやむをえないことである。例えば、ある当事者が、両親を説得するのに代弁者を必要としており、ピープル・ファーストに本人が助けを求めてきた場合、それに対処できるのは支援者しかいないかもしれないからである。

　セルフ・アドヴォカシーの運動に深く関わっている支援者が、一人ひとりの当事者の生活を援助したいと思うのも当然である。危険なのは、それぞれどの当事者とも友人や代弁者として個別に深く関わりすぎてしまうことである。もし支援者に時間的余裕があるのであればそれもよいであろう。しかし、グループの発展や組織化に不可欠な仕事が脇に置かれてしまうのであれば良いことではない。それは、個人を支援するために、まとめ役としての支援者の役割を犠牲にすることを意味している。グループにとっては良くないことである。

　まとめ役はいろんなことに関わっているため、関わっている人たちと知らないうちに親しくなっていく。それは当然起こるべくして起こることである。まとめ役が関わりをもてばもつほど、個人的な関係が生じやすい。

　「知的障害」というレッテルをはられた人たちは、ひどく孤立していて、非常に心細い思いをしていることがよくある。彼らの生活に入り込んだ人が、彼らに敬意をもってきちんと関われば、大変な人気者になるのも納得できることである。グループの支援者が、夕食やちょっとした

集まりなどに何度も招待を受けることもよくある。当事者全員の友人や代弁者になるのも悪くないと思ってしまう。当事者と一定の距離を保つことにイライラすることがある。

　理にかなった方法は、1人か2人の当事者と親しくなっておき、他の当事者とは知り合いのレベルでとどめておくことである。支援者であるあなたは、いくら働いたとしても10人の人たちの生活を変えることはできないであろう。ニーズは膨大だが、資源は少ないのである。長い道のりのために、精力を蓄えることが重要である。

第8章

支援者は教師である

　支援者に最も要求されることの一つは、当事者の声に十分に耳を傾け、彼らの視点でものを見ることである。十分に耳を傾けることのできない支援者は、最も重要な段階を踏み外してしまっているのである。当事者の意見に十分に耳を傾けることもせず、彼らが自分たちではっきりと意思表示できるように支援の手をさしのべない支援者は、当事者の自立を支援するのではなく、当事者の代弁や代行をするという罠にあっという間に陥ってしまう。

　傾聴し、理解し、感受性の強い支援者こそが、信頼関係の基盤を築けるのである。当事者は、いわゆる「普通の」人々から何の期待もされていないという苦い体験から学ぶことが多い。彼らは尊敬されることもほとんどない。当事者を対等な人間として尊重し、自分は世間一般の人たちとは違うということを一度示すだけで、支援者は当事者と強い信頼関係を築きあげることができるようになる。信頼関係が深くなればなるほど、当事者は、こう言わなければならないと思っていることではなくて、本当に考え、感じていることを支援者に打ち明けるようになる。このような信頼関係を築くにはかなり長い時間がかかるかもしれないが、それは支援者の仕事をしていく上で欠かせないものなのである。

支援者はお手本である

　非常に重要なことは、支援者が当事者のお手本になっているということに気づくことである。支援者の言動は、当事者が必要としている技術を学ぶ上で重要なお手本となる。支援者はグループを支援するための知識や経験や技術をもっており、社会的評価もずっと高い人である。当事者が支援者を尊敬するようになるのも当然のことである。そのため、支援者を「うぬぼれ」させてしまうことになる。でもそれは間違っている。支援者は常に自らの貢献には謙虚でなければならないし、自分がやっているのは当事者の考えを取り入れているだけで、当事者が良い考えを選び出す手助けをしているにすぎないのだと強調すべきであろう。

　支援者のすることすべてが当事者に何らかのメッセージを送っている。「知的障害」のある人は、「一般の」人々の行動を観察し、特定の状況の中でどう行動すれば「良い」のかを判断しているのに、「一般の」人々は、彼らの能力をあまりにも過小評価しすぎている。発言する機会を与えられず、ただ黙って座って見ているしかなかった当事者たちは、観察の技術をよく発展させ、こと細かな行動の違いを判断して行動してきた。彼らにこのような技術があることを理解し、尊重することが重要である。恐らく多くの支援者が、当事者を見ていて教わることがたくさんあるだろう。

　信頼性、誠実さ、熱心さは、有能な支援者になるために欠かせない重要な資質である。支援者は当事者に組織のあり方や計画の重要性を知ってもらい、支援者が信頼できる人であるということを理解してもらうことができる。当事者もそのことがわかり、支援者と同じことをするようになる。

どのように教えたらよいか

　私たちは何かものを教えようとすると、教室で教えるという伝統的な方法を思いうかべてしまう。しかし、残念なことに、この方法は最も必要としている貧しい人たちやマイノリティ・グループ、「障害」のある人たちを相手にするとうまくいかない。
　一方、この伝統的な方法に問題を感じなかった支援者の中には、その欠点を理解できない人もいる。しかし、こうした伝統的な方法を当事者グループに用いようとすると、問題が生じる。
　次に、支援者に見られがちな教師症候群の例をいくつか紹介する。

　「私は何度も説明した。でも、彼らは何もわかっちゃいない」
　「ピープル・ファーストの手引き書どおりに何度もやってきたのに、彼らが本当に理解したとは思えない」
　「会計係には、私の同伴なく一人で銀行に行ってほしくない。何か大きな失敗をしそうだから」
　「私はこの重要な政府の（何かの問題についての）委員会に参加すべきだと強調したが、グループの人たちが話したがるのは本当に小さな問題（名称の変更や親のこと、作業所での問題など）だけ」
　「ある当事者に部屋の予約の仕方を説明したのに、まだ予約していない」
　「ピープル・ファーストの目標について何回も確認したのに、まだわかってくれない」
　「会計係に何度お金の管理の仕方を説明しても、まだ間違える」

　私には、支援者が、私たちが教えられてきた伝統的な方法で教えてい

るようにしか思えない。「専門家」（大学教授）は、社会の最先端にいて、あらゆる知識をもっている。専門家は、受け身の学生の頭の中に銀行預金のように体系的に知識を植えつけていく。これは、次のような方法である。

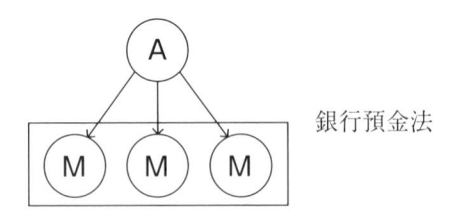

```
      A
     /|\
    ↓ ↓ ↓           銀行預金法
   M  M  M
```

　この方法でいくと、支援者がリーダーに「教え」、次に同じようなことをリーダーが当事者に行う「受け売り式伝達法」になる。

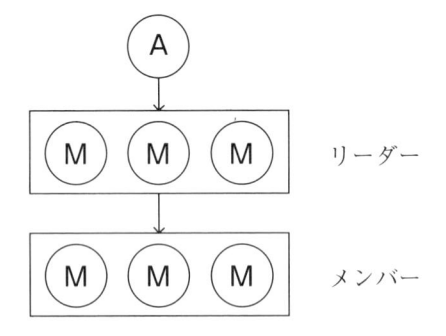

```
      A
      ↓
   M  M  M         リーダー
      ↓
   M  M  M         メンバー
```

　特にピープル・ファーストでこの方法がうまく機能しないのには、さまざまな理由がある。その理由を少しあげてみよう。

- 支援者が当事者から学んでいないということである。まず第一に支援者が当事者から彼らのものの見方を学ばなければ、当事者に関係することを教えられるはずがないのではないか、ということである。

- 受け売り式伝達法は、極めて中央集権的・官僚主義的な方法なので、命令されているから聞いているだけで、学ぶ必要性を感じるから学ぶのではないということである。
- このような上下関係があるため、当事者とそうでない人たちとの間に依存−不平等の状態がそのまま残る。当事者リーダーも、同じような権威主義的な方法をとるようになる。
- 当事者は受け身の立場なので、知識を必要としている行動と、その知識とが切り離されてしまっている。例えば、銀行口座の開設の仕方を学んだとしても、実際に口座を開かなければ、何の役にも立たない。
- ピープル・ファーストの当事者は、「通常の」学校教育（銀行預金法）をすでに試し、失敗している。この方法を続けている限り、このシステムが強いる緊張や抑圧、無理な期待を持ち込んで、彼らを排除するだけである。

　ピープル・ファーストで行われているより効果的な教育方法は、次のような特徴をもたなければならない。

（1）参加者全員が学習者であり、教師である。学習とは、意見を共有することである。
（2）学習は、一人もしくは何人かの当事者の具体的な経験から始まる。
（3）学習は、具体的な活動や結果と直接つながっている。実践により学ぶのであって、暗記により学ぶのではない。
（4）以上の（1）（2）（3）から連帯感が生まれ、場が共有できるようになる。
（5）支援者は何でもできる専門家ではなく、進行の手助け役であり、意見のまとめ役である。

これをモデルで表すと次のようになる。

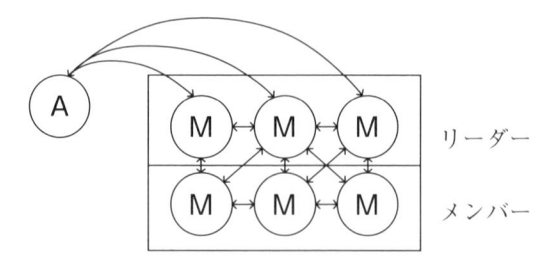

```
        ┌─────────────────┐
   A →  │  M ⇄ M ⇄ M      │ リーダー
        │  ↕ ╳ ↕ ╳ ↕      │
        │  M ⇄ M ⇄ M      │ メンバー
        └─────────────────┘
```

このモデルを次のように言い表すことができる。

「私たちはみんな一緒」
「みんなで一緒にやろう」

このようなグループの学習プロセスが進行している間、共有され議論し合った意見は本物であり、何らかの変化と活動を生み出す。

グループ学習やコミュニケーションの仕方を役員に伝えていく最良の機会は、役員会のときである。役員会では、支援者は次のような技術を教えることができる。

- グループのメンバーからの質問や発言が話題からそれてしまった場合の戻し方。
- 問題や目標について、みんなから意見を求める方法。
- グループ内で議論をしやすくする方法。
- ラジオやテレビなど、公衆の面前での話し方や服装。
- スピーチの準備の仕方。
- 手紙の書き方。
- グループのメンバーからの良い発言、意見、質問の引き出し方。

支援者は、役員たちが会議で他のグループの当事者を相手にこのような技術を積極的に使えるように支援すべきである。いったん役員自身がそのような技術を身につけたと感じれば、グループの他のメンバーを積極的に手助けしようという気になるかもしれない。

　支援者は、グループの同意を得て会議の様子をテープに録音してもよい。そのテープを役員会で再生して、自分たちが会議をどう運営しているかを聞けるようにするとよい。これは、役員たちが落ち着いて自分たちの会議の運営の仕方を知り、どう改善すればよいのかを教えてくれる優れた方法である。

　その他に、グループの会議の様子をビデオに撮る方法もある。このほうが音声と映像の両方で役員の様子を再現してくれるため、テープよりも多くの情報を提供できる。

　他に、別の組織の支援者やリーダーが会議に出席し、役員たちに意見を述べることもできる。あるいは、大学や、市民大学、高校の言語やコミュニケーションの講師など、地域の人にも同じ目的で参加してもらうこともできる。

　支援者は、上手なコミュニケーションの仕方が身につくようにリーダーを育てるべきである。弱点に気づいてもらい、有効なコミュニケーションの仕方ができるように他の方法を提案することが重要である。改善が必要な部分では、ロールプレイも優れた実践的手段となる。

　読むことが困難な人たちのために、役に立つ方法がいくつかある。

- ポスターや絵、やさしい言葉を使う。
- グループ全員参加のロールプレイや寸劇。
- ユーモアを忘れない。学習は楽しくやる。
- 映画やビデオ、スライドを使用する。

- 他のグループが主催している会議やセミナー、講習会に参加する。

　結局、人は体験し、失敗を経験しながら学ぶのが一番である。会計係は実際に予算を組むことでそのことを学ぶであろう。また、議長は会議を主催してみて初めて議長のやり方がわかる。支援者が失敗を恐れていると、当事者は新たな努力をしなくなるのである。

　支援者は、時にはわざと何かを失敗してもらうような行動に出たり、その体験から学んでもらったり、自信がもてるように成功体験を味わってもらったりと、バランスをとるという曲芸的仕事をするのである。

第9章

グループづくりを支援する前に考えるべきこと

　当事者のグループづくりを支援しようと考えているなら、まず冷静になって、あなた自身のことやあなたの状況をよく考えてみるとよい。どうしてグループづくりをしようとしているのだろうか、誰かに頼まれてここにいるのだろうか、と誰かが質問をしたとしよう。メンバー（これからメンバーになろうという人）に頼まれて、あるいは、ある機関や別の機関に頼まれて、なぜ彼らはグループをつくりたがっているのだろうか。どうしてグループづくりをしようとしているのだろうか。

　あなたは、当事者がなぜグループをつくりたいと思うのか、はっきりわかっているのだろうか。一般にこれからグループに加わろうとする人たちは、当事者グループが何をするのかというはっきりした考えをもっていない。そこで、実際に活動している人たちに来てもらうとよい。それができなければ、ピープル・ファーストのビデオや本を利用してもよい。このグループが彼らの望んでいるものだとはっきり確信がもてれば、支援を始める準備ができていることになる。

　グループの発展で最も重要な段階はその始まりにある。グループがどのようにつくられ、どう機能するのか、グループの基本的なアプローチの仕方や方針などが、グループがどう発展していくのかを後々まで左右する。グループの機能形態が一度決まってしまうと、それを変えるのは

極めて困難である。

　あなたが運良くできたばかりのグループで仕事ができたなら、当事者の発言や権利獲得・擁護の運動を行う自治組織を設立しようという闘いを支援するという大きな役割を果たすことができる。

　ピープル・ファーストの歴史的変遷を振り返ってみると、いくつかの基本的な組織づくりの原則を守ることにより、長期にわたって成長し、発展するグループを当事者が自らつくり上げていく手助けができる、ということがわかってきている。

基本的なルール

（1）グループは、いくつかの目標を掲げ、基本的原理を明確にしてつくるべきである。例えば、
- グループの自立
- レッテルをはられた人たちがすべて地域で生活をすること
- セルフ・アドヴォカシー最優先
- 助け合いと友達づくり

（2）メンバーは、会議で何が行われているかが理解できなければならない。会議は、大多数の参加者がいつも何が話し合われているのかがわかるペースで進められなければならない。特に、支援者は、参加者を混乱させるような方法で話さないように注意しなければならない。

（3）第1回目の会議から、メンバーが自分たちで意思決定をしなければならない。メンバーの中には、他の人たちよりも多くの支援を必要としている人がいるであろう。徹底的に話し合い、責任ある決定ができるように支援をすれば、彼らは最後まで参加することができる。意思決定された後、支援者は、決められたことを最後までやり通せ

るように支援しなければならない。例えば、グループで手紙を書くことに決まれば、誰が、どのように、いつまでに手紙を書くのかもはっきり決めるように支援する。そして、次の会議では、決められたことが実行されているかどうかを確認する。実行されたなら、その後どうしたらよいのかも確認する。

（４）支援者は助言をする。しかし、当事者が学ぶことができるように、彼らと共に何かをする以外は、彼らに代わって何かをしてはいけない。

（５）欲張ってはならない。全体を見渡すような大きなグループを相手にするよりも、自分たちがやりたいと思っていることを理解している人たちが集まっている小さなグループから始めるほうがよい。大きなグループは、大変な緊張に見舞われ、大勢の人をリーダーがまとめきれなくなるかもしれない。したがって、メンバーを性急に増やす必要はない。グループが準備できているかどうかの確認が必要である。

（６）支援者としてのあなたのためにも、グループのためにも、利害の衝突は避けること。最初から、グループは、自分たちの受けているサービス提供機関の人たちに依存せず、自立したものとして考えるのがよい。支援者は、例えば、別の資金調達の情報を提供したり、作業所とは違う場所で会議を開くように提案することで、この目標が達成できるように支援するとよい。

ここにあげたような基本的なルールを守ってきたグループが生き残り、メンバーが増え、発展してきている。その主な理由は次のとおりである。

（１）グループは、メンバーがそのプロセスを理解できるようなペースで進められ、権利の拡大をはかっていった。

（2）自立というはっきりとした目標があったため、メンバーには最初からこれは<u>自分たちのグループ</u>だというはっきりした意識が見られていた。

　残念ながら、ピープル・ファースト・グループをつくるのは、当事者を地元の団体や機関への依存から徐々に引き離していくプロセスだと考えている支援者があまりにも多い。
　支援者は、自立や人間としての尊厳や尊敬などの問題になると、当事者は理解できないとか、不安を与えてしまうと考えているかのようである（あるいは、グループが自立し、自己主張することに、支援者自身が恐れを感じているのかもしれない）。というのも、支援者はグループ設立の初期の段階にかなりの力をもっているため、支援者にこうした態度があると、そのグループの発展にも影響を及ぼしてしまう。
　こうしたグループは、よくあるパターンに陥ってしまう。
　自立を確立するまでの<u>プロセス</u>はゆっくりしているかもしれないが、自立を目標に掲げようとする<u>意思</u>は初めからグループ運営・哲学の重要な部分でなければならない。それがなければ問題である。その問題は、たいてい、支援者の問題であることが多い。
　「離乳プロセス」とか「漸進的プロセス」では、うまくいかないことが多い。この方式でやろうとしてきたグループは、駄目になっていることが多い。その典型的な例を次に見てみよう。
　ピープル・ファーストは、ある団体の「本人部会」としてスタートし、徐々にグループとして独立し、当事者自治組織に移行していく。この「グループ」は、まず作業所の昼休みの会合から始まる。支援者は、「○○会の支援者」という肩書きをもつ作業所の職員がなる。このグループの主な活動は、作業所のボーリング大会である。
　支援者は、「準備ができていれば」、グループが所属する団体から独立

するのを支援しようと思っているかもしれないし、口ではそう言うかもしれない。しかし、残念ながら、実際にはそんなことは起こらない。それはどういうことなのだろうか。

　初期の段階におけるこの方式のもう一つの特徴は、会議の参加者が多いことである。支援者は、会議の参加者を確保し、さらに増やそうとしてたくさんのエネルギーを費やす。支援者が所属団体の職員で、ピープル・ファーストを（本人部会のように）所属団体の一部と考えていれば、特にそうである。本人部会の成功は、参加者がどのくらいで、どれだけ多くの活動（ダンスやビンゴなど）を行ったかで評価されることが多い。

　この方式のもう一つの典型的な特徴は、セルフ・アドヴォカシーの基本的な目標についての議論がほとんどなされていないことである。支援者がこれらの議論を意識的に妨げていることが多い。そういったグループには、グループ組織化への勇気づけがほとんど見られない。当事者のリーダーがいても、支援者はリーダーシップ養成の技術を教えることはほとんどない。支援者がメンバー全員を会議に参加させようとしたり、さまざまなイベントですでにオーバーワークになっている場合は、特にそうである。一方メンバーは、そのような複雑で大きなグループの中で、グループをまとめ、活動的な役割を果たすことはできない。グループの目標がはっきりしていなければなおさらである。

　こうした状態のグループは、リーダーや支援者がどんなに善意をもって接しても、自立した当事者自治組織に発展することはほとんどない。それには、少なくとも主として二つの理由がある。

（1）自立やセルフ・アドヴォカシーの問題が、当初からグループ設立の基本的な理由にはなっていないためである。
（2）グループが大きすぎてコントロールがきかないため、当事者ではなく支援者だけで運営しているためである。

よく見られるのは、支援者がグループを完全にコントロールしているか、どこかで「手を引こう」としているかのどちらかである。自立やセルフ・アドヴォカシー、グループ・アドヴォカシーなどの新しい考え方を取り入れようとはしているのだろう。しかし、支援者への依存や組織への依存（会議の場所や資金等）といったパターンは、すでにグループが機能していく上で欠かせないものになっているので、誰かがそれらのパターンを変えようとすると、グループは分裂の危険にさらされることになる。

　この手引き書を読んだ支援者の多くは、初めにあげた自立の方式は確かに意味があるが、自分たちが関わっているのは第二の方式のようなグループだということに気づくであろう。これは、カナダのどこにでもある現実である。難しいことかもしれないが、当事者が依存を断ち切り、手助けする方法がいくつかある。

（1）セルフ・アドヴォカシーの考え方に関する討論を促し、支援すること。
（2）当事者に自己主張するように促すこと。支配的な支援者がこのことに慣れていない場合には難しいかもしれない。支援者が、グループに「意見を言いにくい人たち」や「反対派の人たち」を支援するほうがよいだろう。
（3）グループ内で起こっている問題に対して行動を起こすように提案すること。例えば、会議を開く際に交通手段に問題があれば、適切な公共機関のあり方について市長と会って交渉することを提案するのもよいかもしれない。
（4）時に、古いグループをなくして、しっかりした基盤をもった新しいグループを始めることしか組織変革の方法がないこともある。これは、明らかに、かなり苦しさを伴うプロセスである。残念ながら、

当事者の気持ちを傷つけてしまうことがある。

　この章では、グループの自立や支援者の役割について見てきた。次の章に入る前に、冷静に、グループの自立への進み具合やあなたの役割について評価してみるとよいだろう。そして、しっかりとした自立や権利擁護を実現できるような活動計画を当事者と共に立ててみよう。支援者としてあなたがどれだけ貢献しているかを評価するためには、グループや一人ひとりの当事者の自立の度合いを見てみるとよい。

第10章

悩むな！
グループの組織化をしよう

　グループの組織化は、挑戦することである。それは、個人主義的な社会や、その犠牲者の個人的な責任にしがちな社会がもっている根本的な価値観に挑戦する活動である。グループの組織化を進める人たちの多くは、一緒にやっていくうちに技術を学んでいく。地元の世話役としてよく知られ、ピープル・ファースト運動を支援しているジョン・マックナイトは、グループの組織化の基本的ルールのリストをつくっている（永久に使うことができるリストである）。これらのルールのうちで最も重要なものをいくつか紹介する。

　１．話をするためだけに集まるな。行動計画を立てるために集まれ
　ただ話をするのは簡単なことである。行動を起こすのは難しいが、何もしないグループはメンバーを失い、結局消滅する。これはピープル・ファーストに共通した問題である。
　これと似た問題に、ピープル・ファーストの目標について話していながら、目標の推進とは何ら関係がない活動をすることがある。例えば、そのグループが推し進めようとしている目標が地域生活であるのに、地域住民抜きのボーリング大会を行うことはおそらく意味をなさないだろう。

2．まず勝利すること

グループができたての頃は、解決しやすい問題に取り組むとよい。私たちの経験した良い例に、「知的障害者協会」という団体名を「地域居住者協会」という名称に変えるために闘った例がある。この闘いは、当事者の生活に関わる根本的な問題、つまり、レッテルをはられることによる影響に対する闘いである。勝利の可能性はあった。例えば、実際に当事者が地域で仕事を得ることに比べ、名称変更の問題は比較的取り組みやすかったのである。名称変更の問題に取り組んでいる間に、当事者は、親や専門家、一般社会の人々に、一般の住民として生きていきたいという彼らの希望や夢を伝えることができた。ピープル・ファーストの歴史を振り返ってみると、この名称変更の問題を彼ら自身が解決したことは誇りにできる取り組みであった。

3．抑圧者の論理で実体を定義させないこと

抑圧された人々の多くは、人生を抑圧される側の視点からではなく、抑圧する側の視点で見ている。彼らはその間違ったものの見方を信じ込まされているのである。抑圧者の論理と闘う場合、グループが視点を一致させて頑張らなければ闘う意味がない。

もし、ピープル・ファーストの人たちが根気強く次のようなことを主張しなかったならば、名称変更は失敗に終わっていたであろう。

- この問題は重要なことであり、
- 「地域居住者協会」という名前しか受け入れられない。

この闘いのなかで、ことあるごとに、善意ある支援者が、妥協も必要だとか、名称変更はそんなに重要なことではないかもしれない、と助言していた。ピープル・ファーストの人たちが一致団結したおかげで勝っ

たのである。

4．権利の主張を恐れないこと

権利を奪われ続けてきた人たちは、実際に強く権利の主張をしていくことにかなり不安を抱いている。これは、怒りを露わにすることへの不安、行動を起こすことへの不安、挑戦することや対決することへの不安、グループの組織化に責任をもつことへの不安などである。グループが発展するにつれて、これらの不安は少なくなるだろう。支援者は当事者を後押しし、彼らに権利の主張を促さなければならない。

5．発言権をもつことが望みであり、敵対者を排除するものではない

制度は現に存在しているものであり、ピープル・ファーストはこの制度に関わっていかなければならない。今当事者が望んでいることは、自分たちの生活に対して権利を行使することである。つまり、誰かの生活について決定がなされるとき、その人が決定の主体者となるべきだということを意味している。ピープル・ファーストは、発言権をもちたいと願っているのである。

6．妥協を恐れないこと

私たちは、基本的原理については決して妥協してはならない。しかし、時として、私たちは、短期的利益のために長期的目標を延期しなければならないこともある。これは、目標達成のための戦術である。例えば、作業所を閉鎖し、地域に多様な支援プログラムをつくるために、一年間で現行制度を変えてしまうことは不可能であろう。しかし、短期的に、作業所を増やしたり、給料を上げるように要求することはできる。しかし、私たちの最終目標はあくまでも地域で働くことであるということを、自らも一般の人たちも常に忘れてはならない。

同時に、素晴らしい打開策が見出され、大きな変化を遂げる時期もある。例えば、政府がリハビリテーションや雇用政策への助成を見直そうとしているならば、藪蛇にならないようにしなければならない。この時こそ、作業所が良くないということや、政府は地域に根ざした雇用政策にお金を投資すべきだということを訴えるべきであろう。

7．祝福すること

　一生懸命働くこと、勝利することは重要である。だが、それらはすぐに忘れられがちである。祝福することは、グループや一人ひとりのメンバーの優れた実績を評価するために重要なことである。勝利は快いもので、名誉を讃え、称賛されるべきである。実績を誇ることは、権利の主張に通じる。実績を祝福することは、「知的障害」というレッテルをはられた人々の経験には全くなかったことである。

　その上、素敵なパーティーは本当に楽しいものである。

第11章

支援者がなすべきこと

　支援者が第一になすべきことは、当事者の権利を獲得・擁護することに専念することである。私たちは、当事者の権利獲得・擁護に専念しているだろうか。

　支援者は重要な存在だが、常に必要とされるわけではない。カナダにも、わずかだが支援者をもたないグループがある。おそらく将来は、支援者など必要とされなくなるであろう。私たちの目標は、グループとしての技術を向上させ、地域とのつながりを強め、私たちが日常の生活の中で普通に利用している人的資源を、彼らも利用できるようになることである。

　それまでの間、支援者は、支援者としての役割に専念する必要があるということを理解しなければならない。

　メンバーとリーダーとの良好な関係を築くには、十分に時間をかけ、エネルギーを注ぐことが必要である。最初からこのようなことを自覚し、時間やエネルギーの配分を決めておくのが一番良い。例えば、経験上、支援者が会議にただ出席するだけで、他に何もしないのでは役に立たないことがわかっている。自分の仕事は会議に参加する程度にしか考えていない支援者は、支援者としての役割を果たしていないと思われる。

　グループ結成の初期の段階は、支援者もメンバーも共に必要としている。グループが発展するとき、特に、新たな行動を起こす場合には、支援者がいつも以上の時間を費やさざるを得なくなる時がある。ピープ

ル・ファーストの設立には、時間とエネルギーがいるのである。当事者たちによく言われることだが、本当に進歩したところを見たかったら、ピープル・ファーストに少なくとも2年は関わることである。

　良い支援者は、ピープル・ファーストとの関わり合いは自分の選択だということに気づいている。自分が選択したのだから、そこで生じた問題には自分で対処しなければならない。それは、当事者に対する責任である。ピープル・ファーストの仕事は大変である。「障害者」に対する社会のものの見方を変えようというのだから、容易な仕事であるはずがない。

　支援者は、限界まで懸命に組織に貢献している自分に気づくことが時々ある。いわゆる「燃え尽き」現象である。そういう時には、自分たちがどのように仕事をしているのか、どうすればもっとうまくできるのかを検討することが大切である。ある重大な仕事上の問題に直面したときには、冷静に自分自身を見つめることが必要である。

　支援者としての自分の仕事ぶりを評価するには、次のような「10の質問」をしてみるとよい。

（1）私は、当事者が言いたいことに本当に耳を傾けているだろうか、それとも、私の意見を押しつけていないだろうか。

（2）私は、当事者の人間としての成長や可能性を見ているだろうか。それとも、「障害」や「限界」しか見ていないのではないだろうか。

（3）私は、当事者に対する自分の行動や感情を点検しているだろうか。

（4）私の働きかけは、何かの利害の衝突からきてはいないだろうか。あるいは、どこかで要求をコントロールしてはいないだろうか。

（5）私の働きかけは、
- 当事者の自尊心や自信を高め、思い切って行動するように、彼らを勇気づけているだろうか。
- 当事者の私への依存心を少なくすることができているだろうか。
- 生活に影響を及ぼす決定に、自ら参加し、理解する機会を増やしているだろうか。
- 自分自身で決定を行い、問題を解決し、もの事が行えるようにするプロセスを彼らに教えているだろうか。
- 私が支配者と見なされるような機会を減らしているだろうか。
- それぞれの当事者が積極的な役割を果たすように奨励しているだろうか。

（6）私の働きかけは、グループの団結はもちろんのこと、個人の成長を尊重し、認めているだろうか。

（7）私の働きかけは、当事者が情報に基づいた決定をすることができるように、幅広く多様な情報をさまざまな視点から獲得し、理解できるように勇気づけ、支援しているだろうか。当事者の視点に立った協力者を育ててきているだろうか。

（8）私の働きかけは、怒りは当然のことであり、多くの場合、現実にも正当化されるということを認めているだろうか。また、当事者が建設的な個人の成長と社会変革のために怒りを活用するように勇気づけているだろうか。

（9）当事者が次のようなことをしても平気だろうか。
- 私の考えに疑問をもつこと。

- 私を仲間から締め出すこと。
- 彼らが私を必要としないということ。彼ら自身で決定することができるということ。
- 私がしていることに対して否定的な反応を示すこと。
- 権威ある人物として私を見ていないこと。

(10) 当事者や当事者自治組織はもちろんのこと、支援者も間違いを犯しやすい人間であり、他の人々や他の団体と同じように多くの問題を抱えている人間であるということを、私は理解しているだろうか。

第12章

結　論

　第1部では、支援者の役割について皆さんがもっている疑問にすべて答えることはできなかった。私たちが試みたのは、支援者やリーダー、一般のメンバーたちの経験に基づいて、支援者の仕事の基本的原理のアウトラインを示すことであった。他にも非常に参考になる資料がある。それらの資料からグループの組織化の方法に関するもっと具体的な詳しい情報が得られることと思う。

　この手引き書では、支援者として成功するための最も重要な要素は、その人のものの考え方にあるということを読者に伝えるように努めてきた。支援者は、当事者に伝えることのできる技術をもっている。例えば、計画の仕方、文書の保管の仕方、人前での話し方、あるいは、会議の進め方とそのルールの理解等である。しかし、支援者の態度が間違っていれば、これらの技術は、非常に限られた価値しかもたないことになる。

　正しい態度がとれるようにするために、私たちは、レッテルをはられている当事者の視点から生活を見ていくように努めなければならない。また、レッテルをはられるとはどういうことか、なぜセルフ・アドヴォカシーがそれほど重要なのかを理解しなければならない。セルフ・アドヴォカシーは、レッテルをはられた当事者たちが権利を獲得・擁護したり、抑圧と闘うために極めて重要なものである。

　支援者の役割は、権利を奪われてきた人たちに権利を獲得し、擁護することである。大変だが報われる仕事である。この手引き書は、抑圧さ

れる人々の視点に立って支援者のさまざまな役割について見てきた。つまり、教師として、まとめ役として、あるいは支援者としての役割についてである。当事者が自らの権利を獲得・擁護するための行動が起こせるように、惜しみない支援をおくることにより、望ましい未来に貢献しているのである。支援者にとっての報酬は、望ましい未来がすべての人々にもたらされることである。支援者にも、当事者にも。

　最後にこの「結論」部分を締め括るのはあなただ。ピープル・ファースト運動に貢献してみようというあなたの思いを書いてみてはどうだろうか。紙に書き、当事者に示し、議論してみよう。あなたがすでに支援者か、これから支援者になろうとするかどうかにかかわらず、支援者としての本来的な仕事の中身や当事者との関わりを明記した契約書を結ぶことは、支援者にも当事者にも有効であろう。契約は支援者の役割を明確にするためにも良い方法であり、仕事の進み具合を定期的に点検する機会を与えてくれる。

頑張って、良い仕事を！

第 2 部

リーダーになる人のために

People First:
Leadership Training Manual

People First: Leadership Training Manual

by Bill Worrell
Copyright © 1988
NATIONAL PEOPLE FIRST PROJECT
Suite 5, 120 Maryland Street
Winnipeg, Manitoba R3G1L1
Canada

日本語翻訳権・株式会社現代書館所有。無断転載を禁ず。

おれいの ことば

　この本を 書くのは、とても たいへんでした。おおくの 人たちが、この本づくりに かかわって くださいました。これは、ピープル・ファーストに ついての 本です。ピープル・ファーストの リーダーの みなさん、しえん者の みなさんが、わたしに、おおくの ヒントを くださいました。わたしは、みなさんから いただいた アイディアを、この本に いかそうと、どりょくしました。かれらは、わたしに、わたしが 書いたものを 読んで どう 思ったのか、どう 変えたら よいのか、考えていることを おしえてくれました。このような 人たちの きょうりょくが なければ、この本を 書くことは、できなかったと おもいます。

　この本づくりに きょうりょくして くださった 人たちは、つぎの とおりです。しかし、しょうかいするのは、いちぶの 人たち だけです。ゴードン・フレッチャー、アーノルド・ベニントン、ピーター・パーク、パット・ワース、ボブ・ファーマン、ハロルド・バーンズ、ニール・マーサー、デニス・ラロッシュ、ビクター・フェントン、ジュディス・スノー、パット・デリック、ベス・フレンチ、マーク・フリードマン、の みなさんです。わたしは、かれらに とても はげまされました。カナダ 地域居住者協会、および、オンタリオ・ピープル・ファーストの みなさんにも、おれいを もうしあげます。

　バーバラ・メリアム、ミリア・アイアノウの 二人には、本づくりの てつだいを おねがいしました。

しりょうを くださった、ワシントン・ピープル・ファースト、カンザス大学付属施設、マサチューセッツしょうがいしゃ市民連合にも、おれいを もうしあげます。

　さいごに、わたしの 妻であり、ピープル・ファーストの しえん者、そして、もっとも しんらいの おける アンネ・フォートに かんしゃを します。アンネは、この とても たいへんな しごとを てつだい、ささえて くれました。

ビル・ウォーレル

まえがき

　せかいじゅうの いたるところで、しょうがいの ある人たちが、じぶんたちの 考えていることを つたえ、じぶんたちの 権利(けんり)を まもるための べんきょうを しています。ピープル・ファーストのような グループは、このような うごきをしている 人たちの、てつだいを しています。

　しかし、じぶんたちの 考えていることを つたえ、じぶんたちの 権利を まもるための べんきょうを することは、それほど たやすいことでは ありません。そのため、わたしたちは、みなさんの てつだいをし、みなさんの ような 人たちが、じぶんたちの グループをつくり、どうしたら じぶんたちの 権利を まもっていくことが できるのかを べんきょうするために、この本を 書こうと おもいました。

　ピープル・ファーストの ような グループは、ほかにも あります。「みんなで たすけあう会」など、グループには、いろいろな 名前が ついていますが、だいたい どのグループも おなじです。この本では、ピープル・ファーストの ことに ついてだけ、話をしようと おもいます。もし あなたの グループに、ちがう 名前が ついていても きにしないで ください。わたしたちは、あなたのような グループに ついて 話をしていますので。

この本を 読んで ほしい人
　この本は、グループの <u>リーダー</u>の ための ものです。リーダーとは、

グループの せわを してくれる人 のことを いいます。グループを うまく まとめ、すべての メンバーが さんか できるように していくのが、リーダーの しごとです。たとえば、リーダーとは、その会の 会長や 副会長、または、理事会の 理事など のことを さしています。

　この本は、リーダーの ために 書かれて いますが、ピープル・ファーストの メンバーなら、だれでも 読めるように なっています。メンバーとは、ピープル・ファーストに さんかしている 人たち のことを さしています。この本には、ピープル・ファーストを うまく まとめて いくのに やくにたつ ことが、たくさん 書かれています。うまく いっている ピープル・ファーストでは、リーダーも メンバーも、たのしそうに やっています。

　しえん者も、この本を 読みたいと おもっているに ちがいありません。しえん者は、ピープル・ファーストの メンバーでもなく、はなしあいで きめる 権利も ありませんが、そばにいて えんじょし、てつだい、しえんを してあげなければ なりません。しえん者のための 本（第1ぶ さんしょう）も ありますが、この「リーダーに なる人の ために」も きっと やくにたつと おもいます。

　わたしたちは、この本が、グループづくりを うまく できるように したり、みんなの いいたいことが もっと いえるように するために、やくにたって ほしいと ねがっています。もし この本に 書いてあることが できるように なれば、ピープル・ファーストを うまく まとめ、じぶんたちの 権利を じぶんたちで まもるための よい しごとが できるような グループに していくことが できるでしょう。

第1しょう

「じぶんの 権利を じぶんで まもる」って、どういうこと?

　このところ、おおくの 人が、ピープル・ファーストの ような とうじしゃグループに はいって くるように なりました。「じぶんの 権利を じぶんで まもる」のは、とても たいせつな ことです。でも、「じぶんの権利を じぶんで まもる」ということを、ほかの 人たちに なかなか わかって もらえません。もし、あなたが リーダーなら、「じぶんの 権利を じぶんで まもる」とは、どういうことか、なぜ たいせつなのかを、メンバーや いっぱんの 人たちに、せつめい しなければ なりません。これから、いろいろな コトバの つかわれ方を、せつめい しましょう。

- 権利ようご:権利ようごとは、その人が もっとも かんしんを もっている ことについて、その人の かわりに 話をして あげたり、うごいたり、えんじょをする、ということを いみします。その人たちの 権利を まもって あげたり、その人たちが ひつようと していることが できるように、えんじょして あげること をいいます。その人たちが なにを ひつようと しているのかを 考え、しえんして あげることです。
- 権利ようご者:権利ようご者とは、だれか ほかの人の、もっとも かんしんの あることを、その人に かわって 話をして あげたり、かわ

りに こうどうを してくれる 人の ことです。たとえば、先生や 友だちも、そのひとりです。ほかの メンバーに とっては、ピープル・ファーストの メンバーも、そのひとりです。

- 「じぶんの 権利を じぶんで まもる」こと:「じぶんの 権利を じぶんで まもる」とは、じぶんの ことを じぶんで はなし、じぶんで こうどうすること、をいいます。じぶんに とって、なにが いちばん よいのかを きめたり、そのためには どうしたら よいのかを 考える ことを いいます。つまり、人として、じぶんの 権利を 人に つたえること、をいいます。
- 「じぶんの 権利を じぶんで まもる」人:「じぶんの 権利を じぶんで まもる」人とは、じぶんの ことを、じぶんで 人に つたえ、じぶんで きめていく人、のことをいいます。

　「じぶんの 権利を じぶんで まもる」という 考えは、<u>あたらしい</u> 考えです。ながい あいだ、しょうがいの ある 人たちが、じぶんの ことを 人に つたえる ことが できる なんて、だれも 考えて きませんでした。それが、いま、変わろうと しています。しょうがい者と レッテルを はられてきた 人たち、そのおおくが、じぶんで、じぶんの 考えていることを、人に つたえ、じぶんで きめられるように なってきています。

　これから、2人の ピープル・ファーストの メンバーに、「じぶんの 権利を じぶんで まもる」とはなにか、について はなして もらいます。

マイケル・オバーン（ブリティシュ・コロンビア州 バンクーバー）

　「じぶんの 権利を じぶんで まもる」とは、じぶんの ことを、じぶんで 人につたえ、じぶんの 生きかたを、じぶんで きめるこ

とを いいます。また、メンバーが、おたがいに たすけあい、友だちを つくり、友だちに したいと おもう人を じぶんで えらぶ、ということも そうです。社会で やっている ことに さんかする こととも そうです。イヤなことを なくすために、はなしあいを もつ ということも、しょうがいの ある人たちに たいする 考えかたを 変える ことも そうです。わたしたちは、うやまわれ、大切にされ、ひとしく あつかって ほしい、とおもっています。住みたいと おもう ところに 住み、いっしょに 住みたいと おもう人と 住みたい、とおもっています。住んでいる 地域にも、やくに たちたい とおもっています。「じぶんの 権利を じぶんで まもる」とは、しょうがい者の 権利や、これまで みとめられて こなかった、じぶんたちの 権利を つよく うったえていく、ということです。つまり、「じぶんの 権利を じぶんで まもる」とは、じぶんたちの 権利を つよく うったえていく ことから はじまるのです。わたしたちは、「まず だい一に 人間」なのです。

ピーター・パーク（オンタリオ州 トロント）

　わたしは、みなさんに、わたしにとって、「じぶんの 権利を じぶんで まもる」とは どういうことかを、はなしたいと おもいます。わたしにとって、「じぶんの 権利を じぶんで まもる」とは、イヤなことを なくしたり、イヤなことに たちむかって いくことです。たとえば、しょうがいの ある人たちが、地域で はたらきたいと おもっても、はたらけるように するための 法りつが ないのは、なぜなのでしょうか。なぜ、さぎょうしょでは、きゅうりょうが すこししか もらえない のでしょうか。しょくいんは、わたしたちに つまらない しごとばかり させます。どうしてでしょうか。

しょくいんは、しょうがいの ある人たちが、はたらけないと おもって いるのでしょうか。みなさん、さぎょうしょを やめたいとは おもいませんか。じぶんの コトバで、しっかり ものを いいましょう。みんなで いうことです。おなじことを、5人の人が いえば、おおきな 力に なります。おおぜい いれば、きっと 力を あわせられるでしょう。そのことを、おぼえて おいて ください。

　オヤの いうとおりに 生きたくないと おもうなら、オヤのいうとおりに しないで、じぶんで、やってみましょう。

第2しょう

ピープル・ファーストが えんじょします

　これから しょうかい するのは、オンタリオ・ピープル・ファーストの 会長、パット・ワースさんの お話です。パットさんは、ピープル・ファーストが、人生を おおきく 変えてくれた ことを はなしてくれます。

　わたしは、知的しょうがいしゃと よばれてきました。いまでも、そうです。わたしは、地域で はたらき、地域に 住んでいますが、やっぱり 知的しょうがいしゃと よばれています。わたしは、ながい あいだ、知的しょうがいしゃという レッテルを はられてきました。

　まわりの 人たちが、わたしたちを、知的しょうがいしゃと みる ことにより、わたしたちは、しごとを もらえなくなります。わた

しの しょうがいに たいして はられている レッテルが、そうさせるのです。わたしたちが、しょうがいしゃと みられると、まわりの 人たちは、わたしたちの もっている 力のほうは、みなくなります。しょうがいの ある 人たちは、いまの じぶんたちを まもるために、人生の ほぼすべてを かけて、たたかって きました。わたしたちは、地域で 生きていけるように するために、ふつうの 人たち よりも、2ばいも、3ばいも、いっしょうけんめい はたらかなければ なりませんでした。

　わたしは、とても つらい おもいを してきた 人たちのことを 考えたとき、わたしたちは、ようやく なにかを なしとげたと、おもいました。なぜなら、オンタリオ・ピープル・ファーストが できたとき、わたしたちは ただ そこに いるだけで、そこに いること だけが もくてき でしたから。わたしたちは、生きている よろこびなんて、もてませんでした。

　いま、わたしは、こうして いろいろな ことを、じぶんで なんとかすることが できます。2、3年まえ までは、いまの わたしでは、ありませんでした。わたしの まわりで おこっている ことに、なにも きがつきませんでした。もくてきも なく、ただ まいにちを すごすだけの 人間でした。人間の かっこうを しているだけでした。ただ 人間の かっこうをして、そこに いるだけで、心のない 人間の ようでした。そう、心を ゆたかにする チャンスを、もてなかったのです。わたしは、さぎょうしょで、長く はたらいて きました。そこは、みすぼらしい ところで、なにかを やりとげたという おもいを もてる ところでは ありませんでした。わたしを、ただ そこに いさせる だけの 福祉の ありかたに、い

つも、おこって いました。

　やがて、ピープル・ファーストが できました。わたしたちは、社会で おこっている ことに、きがつくように なりました。じぶんたちの 権利に、きづくように なっていきました。ピープル・ファーストは、わたしを、とても つよい 人間に してくれました。なぜかと いいますと、ピープル・ファーストは、わたしに、もくてきを あたえて くれますし、一日一日、そして、まいにち 生きる いみを、わたしに おしえて くれるからです。ピープル・ファーストは、わたしに、げんきを あたえて くれるからです。ファイトや 力を くれるからです。まいにち、ものごとを こなし、あたらしい ことに ちょうせんし、人として、ごく あたりまえの 生活を おくるために、なにを しなければ ならないのかに、きづかせて くれるからです。

　オンタリオ・ピープル・ファーストの 考えを、つぎのように、みじかく いいなおして みましょう。わたしたちは、ひとり ひとりの、そして、どんなに しょうがいの ある 人も、ごく あたりまえの 市民として、地域に 住み、地域で はたらき、地域の ひとりとして、そのチャンスを こうへいに あたえられるように、わたしたちの グループが、もっと つよくなって ほしいと ねがっています。わたしたちは、しょうがいが あっても、しょうがいしゃ ではなく、ふつうの 人間 なのですから。

　パットは、「しょうがいしゃ」や 「ちえおくれ」と、レッテルを はられることで、レッテルを はられた 人は、どんなに しごとが うまくできても、しごとが えられなく なってしまうと、いっています。これは、

もし あなたが、「ちえおくれ」と レッテルを はられると、あなたの 生きかたが、ほかの 人に よって きめられる ことが おおく、じぶんで ものごとを きめる チャンスが あたえられなくなる、ということを いみしています。また、てだすけや しえんを してくれる人を、ほとんど（まったく）、もてなく なってしまいます。「ちえおくれ」と レッテルを はられると、じぶんの力を だせなかったり、じぶんの 生活を、じぶんで かんり できなく なってしまいます。

　パットは、つぎのようにも いっています。ピープル・ファーストは、すべての メンバーを、心から しえんし、じぶんの 生活を、じぶんで かんり できるように、しえんして くれます。そして、メンバーに、もっと 力を あたえて くれます。もし、ピープル・ファーストで、あたらしいことを まなべば、しごとを えるためにも、やくに たつでしょう。また、ピープル・ファーストを とおして、地域のことを もっと まなべば、あなたが もとめているものを、どのように 手にいれたら よいのか、イヤなことを、どのように なくしていったら よいかが、よく わかるように なるでしょう。ピープル・ファーストの グループで、ほかの 人たちと いっしょに やるように なれば、どうしたら、地域の ほかの 人たちと いっしょに やっていく ことが できるかが、まなべるように なるでしょう。ピープル・ファーストが、地域に やくにたち、地域に、メンバーの よいところを つたえる ことが できるように なれば、すべての しょうがいの ある人たちが、たやすく、おなじ市民、たいせつな 市民として、うけいれられるように なるでしょう。もし、ピープル・ファーストが、やりかたを 変えてほしいと、国に、うまく はたらきかければ、<u>すべての</u> しょうがいの ある人たちの 生活が、もっと ゆたかに なるでしょう。

　ピープル・ファーストは、メンバーに、メンバーの 生活を もっと よくするための やりかたを、おしえて くれます。ピープル・ファース

トの ような、「じぶんの 権利を じぶんで まもる」グループや だんたいは、ほかには ありません。あなたは、リーダーとして、メンバーに、もっと よい 生きかたを してもらえるように えんじょをする、とても たいせつな やくわりを もっているのです。

ピープル・ファーストが えんじょします

第3しょう
どうして、「じぶんの 権利を じぶんで まもる」ことが、ひつようなの？

　「じぶんの 権利を じぶんで まもる」ことに ついて、べんきょうする 人たちが、おおく なっているように おもいます。とても うれしい ことです。では、どうして、わたしたちは、「じぶんの 権利を じぶんで まもる」ことが、ひつよう なのでしょうか。どうして、わたしたちは、おなじように あつかわれない のでしょうか。

　ここでは、ワシントン・ピープル・ファーストが、「じぶんの 権利を じぶんで まもる」ことの たいせつさを、どう せつめいして いるかを、しょうかい しましょう。

どうして、わたしたちは、「じぶんの 権利を じぶんで まもる」ために、ピープル・ファーストの ような とうじしゃグループが、ひつよう なのでしょう。

　むかしから ずっと、しょうがいのある 人たちは：
（1）子ども あつかい されています。
（2）じぶんの ことを 人に つたえ、じぶんの 生活のことを きめるとき、じぶんの 考えを いったり、はなしあいに さんかする チャン

スが、あたえられて きませんでした。
（3）「ちてきしょうがい」や「ちえおくれ」と、レッテルを はられ、そう よばれて きました。
（4）施設に とじこめられて きました。
（5）市民としての 権利や、しなければ ならないことを、しらされないで きました。
（6）地域で 生活し、はたらき、さんかし、やくにたつ チャンスを、あたえられないで きました。
（7）じぶんの 生活を じぶんで えらぶ チャンスを、ほとんど あたえられないで きました。
（8）ねうちのある人 として みられず、人間として たいせつに されないで きました。

　いまでも そうです。

　わたしたちは、しょうがいが あっても、ほかの 人たちと おなじだと いうことを しっています。しょうがいの ある人たちは、ねうちのある人 として みられ、たいせつにされ、ほかの 人たちから うけいれられ、地域に さんかし、やくにたちたい のです。しょうがいのある人たちも、ほかの 人たちと、おなじ なのです。
　すべての 人に ちがいが あります。しんちょうの たかい人も いれば、ひくい人も います。ハダが チャいろの人も、クロの人も、シロの人も、います。アカい カミの人も、キンいろの カミの人も います。カトリックの人も、イスラムの人も います。ボーリングが すきな人も、サカナつりが すきな人も います。どんな 人にも、ちがいが ありますが、おなじ 人間なのです。
　しょうがいの ある人たちも、みんな ちがっています。

しょうがいが あるので、
ホッサを おこす、かもしれません。
べんきょうが できない、かもしれません。
あるくのが たいへん、かもしれません。

　地域の 人たちは、しょうがいの ある 人たちが、みんな ちがっているのに、まちがった 考えや、「おもいちがい」を、たくさん しています。まるで、わたしたちを、「いろメガネ」で みている ようです。いろメガネや おもいちがいの せいで、いろいろな ことが おこってきます。そのため、わたしたちが キケンで、おかしくて、かわいそうな 人と おもい、子どものように あつかいます。わたしたちの しえんプログラムで さえも、キケンで、おかしくて、かわいそうな 人と、書いています。
　まわりの 人たちや プログラムが、わたしたちを、キケンで、おかしくて、かわいそうな 人と 考えているため、わたしたちも、そうおもって しまうのかも しれません。このように、わたしたちは、おかしな 人に、させられて しまうのです。
　わたしたちには、ちょっとだけ、ほかの 人と ちがう ところが あるため、わたしたちは、ほかの 人たちから つぎのように みられて しまいます。

　おおくの 人が、
- わたしたちの ことを ほとんど しらないのに、わたしたちの ことを、とくべつに あつかいます。
- りゆうも ないのに、わたしたちを こわがります。
- わたしたちを 子ども あつかいし、じぶんたちの している ことが ただしいと おもっています。

どうして、「じぶんの 権利を じぶんで まもる」ことが、ひつようなの？

- しょうがいの ある人たちを、おかしな人 とみています。そのため、ほかの 人と おなじ おもいちがいをし、しょうがいの ある人たちを、できることが たくさんあり、ねうちのある人 として みなくなって しまいます。

べつの ことばで せいりして みましょう。しょうがいの ある人たちが、であう イヤなことには、二つあります。それは、
（1）おおくの 人が、わたしたちの ことを しらないため、なにかを する チャンスを あたえて くれない、ということです。
（2）しょうがいの ある人たちには、できることが たくさん あっても、ねうちのある人 として みてもらえない、ということです。

　ピープル・ファーストは、こうした 二つの ことに とりくんでいます。「ピープル・ファースト」という コトバですが、わたしたちは しょうがいしゃではなく、ふつうの人間だ、ということを あらわしています。また、ピープル・ファーストは、しょうがいの ある人たちが、ねうちがあり、たいせつな 人間 として みられたい、また、地域に さんかし、やくにたつ人 として みられたい、ということを あらわしています。
　ピープル・ファーストは、しょうがいの ある人たちの <u>とうじしゃグループ</u>や、「<u>じぶんの 権利を じぶんで まもる</u>」ための グループを つくり、いっしょに うごいて いくことで、これら 二つのことに とりくんでいます。
　<u>とうじしゃかつどう</u>の おかげで、ピープル・ファーストの メンバーたちは、じぶんたちが ねうちのある 人間だ、ということを しりはじめています。とうじしゃかつどうの おかげで、ピープル・ファーストの メンバーたちは じしんを もって かつどう できるようになり、じ

ぶんたちに ほこりを もちはじめています。

　ピープル・ファーストの メンバーは、じぶんたちを ねうちのある 人間だと おもえるようになり、おたがいに しんらい しあいながら、たすけあって、かつどうしています。ピープル・ファーストの メンバーは、「じしんと ほこりを もつ」ように、おたがいに はげましあっています。

　「じぶんの 権利を じぶんで まもる」とりくみを とおして、ピープル・ファーストの メンバーは、たくさんの ことが できるようになり、ねうちのある 市民だ、ということを しめし、おおくの 人が、じぶんたちに たいして もっている おもいちがいや、まちがった 考えを、変えようと しています。

　ピープル・ファーストの ような とうじしゃグループや、「じぶんの 権利を じぶんで まもる」グループは、しょうがいの ある人たちが であう、二つの 大きなことに とりくんでいます。もっとも たいせつな ことは、しょうがいの ある人たちが、じぶんたちで、こうしたことに とりくんでいる ということです。

　どうして、「じぶんの 権利を じぶんで まもる」ことが、たいせつなのでしょう。そのりゆうは、たくさん あります。ここで、いくつか しょうかい しましょう。

- ほかの だれかが、あなたに かわって いってくれても、まちがった ことを いうかも しれません。あなたが したいこと、あなたが ひつようと していることは、あなたしか しらないのです。
- もし、あなたが、じぶんの ことを、じぶんで いえば、ほかの 人たちは、もっと よく きいて くれるでしょう。いつも、だれかが、あなたの かわりに いって くれたとしたら、おおくの 人は、「あの人は、ほんとうに なにも わからないんだな。あの人の ほんとうに したい

ことを 知るには、どうしたら いいのだろう？」と、おもうかも しれません。
- もし、あなたが、じぶんで いえば、じぶんに じしんが もてるように なるでしょう。そうすれば、あたらしい ことを きめるときに、じしんが もてるように なるでしょう。
- <u>あなたが、じぶんの ことを、じぶんで いえるように なれば、ほかの人たちも</u>、じぶんたちも いえると おもって もらえるでしょう。

「じぶんの 権利を じぶんで まもる」ことが できる人に なるには、べんきょうが ひつようです。そのための 時間が ひつようです。そのことを、おぼえて おきましょう。さいしょは、しっぱいする かもしれません。じぶんたちの 権利を つたえ、そのために たちあがるのは、そう かんたんな ことでは ありません。でも、がっかり しないでください。やり つづけましょう。あなたが、「じぶんの 権利を じぶんで まもる」ことが できる人に なるだけでなく、どうしたら、ほかの 人たちも「じぶんの 権利を じぶんで まもる」ことが できるように なるのかを、おしえて あげましょう。でも、それは、すぐに、かんたんに、できることでは ありません。

第4しょう

グループが もつ力

すこしずつ、わけて やりましょう

　「じぶんの 権利を じぶんで まもる」ことが、どうして たいせつなのか、どう せつめいしたら よいか、もう、わかったと おもいます。わたしたちは、どうしたら うまく「じぶんの 権利を じぶんで まもる」ことが できるのかを、はなしあって きました。そのため、「じぶんの 権利を じぶんで まもる」とは どういうことか、なぜ、じぶんたちで、できないのか、なぜ、「じぶんの 権利を じぶんで まもる」ことが できないのかが、もう わかったと おもいます。わたしたちの 権利とは なにか、なぜ 地域で くらせないのか、なぜ じぶんの ことを じぶんで つたえられないのかも、わかったと おもいます。いままで そうさせられてきた、あなたの 心を、かんたんに 変えられると おもいますか。

　いいえ、かんたんでは ありません。じぶんについて まなび、よいほうに もっていくのには、じかんが かかるのです。もし、あなたが、だれの たすけも かりずに、じぶんだけで やっていかなければ ならないとしたら、おそらく、なにも えられないと おもいます。そのため、こうしたことを、まなびたいと おもう人たちは、ピープル・ファーストのような、「じぶんの 権利を じぶんで まもる」ためのグループを、じぶんたちで つくるのです。

さて、それでは、「じぶんの 権利を じぶんで まもる」ための グループが、どのように、メンバーの えんじょをし、じぶんの 生活を 変えて いったのかを、しょうかいして いくことに しましょう。

　わたしが、さいしょに、さぎょうしょで はたらき はじめたとき、さぎょうしょに 20ドル はらい、そとの しごとが えられるようにするための くんれんを うけてきました。そのあいだ、わたしは、ねじの しわけや、にんぎょうの くみたて、おしめの はこづめのような しごとを していました。でも、地域で、わたしが できそうな しごとは、みつかりません でした。
　わたしが、20ドル はらっているのは おかしいと、ほかの なかまに はなそうと しましたが、みんな イヤがって、はなそうと しませんでした。
　わたしは、時間の ムダだと おもいましたが、しょくいんに、わたしの おもっている ことを はなしてみようと、おもいました。しょくいんは、まったく きこうと しませんでした。しょくいんは、20ドルなんて、わたしが うけている くんれんの りょうきんからすると、やすいものだと かんがえて いました。くんれん ですって？　わたしは、まいにち、まいにち、おなじ さぎょうを するばかりで、なにも えるものは ありませんでした。
　しょくいんとの はなしあいが うまく いかなかったので、わたしは、しょちょうの ところへ いきました。しょちょうは、わたしに、みんなから もらっている おかねは、さぎょうしょが うまく やっていけるように、しょくいんの きゅうりょうを はらうために つかっている、といいました。わたしは、それは おかしいと いいました。わたしは、さぎょうしょで 1日8じかん はたらいています。わたしが さぎょうしょに、きゅうりょうを はらうのではなく、

さぎょうしょが わたしに、きゅうりょうを はらうべきだと おもいます。わたしたちは、いい きゅうりょうが ほしいから、しごとに いきます。社会では、はたらいて きゅうりょうを もらいます。しょちょうに きゅうりょうを はらうために、まいにち しごとを している わけでは ないのです。こうした 人たちと はなしあいを しても、じかんの ムダでした。

　わたしは、このことを、とうじ わたしの町で、とても かっぱつに かつどう していた ピープル・ファーストの グループに、もっていくことに しました。ピープル・ファーストの 人たちは、グループに いるときの ほうが、さぎょうしょに いるときよりも、はっきり ものを いっているのに きがつきました。そのとき、わたしは、ピープル・ファーストの 人たちも、えんじょ してくれるはずの しょくいんを、長いあいだ こわがって いたんだな ということに、きがつきました。

　もし、ピープル・ファーストの 人たちが、えんじょして くれるなら、かれらの力を かりて、さぎょうしょで 声を あげてみようと、おもいました。

　わたしたちは、ピープル・ファーストの 人たちと いっしょに、しょちょうに、しつもんして みることに しました。わたしたちがした しつもんは つぎのような ものです。

　どうして、さぎょうしょでは、きゅうりょうが すこししか もらえないのですか。どんな しごとなら、社会と かんけいのある しごとが、できるように なるのですか。いまの しごとは、そうじゃないと おもいます。どうして、さぎょうしょと よばれて いるのですか。いつになったら、くんれんではなく、ふつうの しごとが はじめられるのですか。

　さいごに、いま うけている くんれんは ほんとうに 社会に で

て はたらける ように なるためのものか、いつまで さぎょうしょ に いて ただばたらき させられるのか、という しつもんを しました。このしつもんは、わたしが どうしても しりたいと おもっていた ことでした。いちどで いいから、ほんとうの ことを しりたかったのです。

　わたしたちは、つぎの かいぎに、しょちょうに きてもらいました。しょちょうは、わたしたちの しつもんに、ほとんど こたえられませんでした。とくに、わたしの しつもんに、いちばん こまって いました。しょちょうが、わたしの しつもんに こたえられなかったので、わたしは、やっと ほんとうの ことが わかりました。さぎょうしょは、わたしたちが 地域で はたらけるように しようとする つもりが、ぜんぜん なかったのです。わたしたちを、ずっと さぎょうしょに いさせ、きゅうりょうを はらわないで、ただ ドレイのように はたらかせる つもりだったのです。

　でも、すこしずつ 変わり はじめました。しょちょうが、わたしの しつもんに こたえられなかったため、わたしたちは、さぎょうしょに お金を はらう ひつようが なくなりました。そのご、わたしは、1しゅうかんに 10ドル もらうように なりました。地域で はたらいている 人たちは、すくなくとも 1しゅうかんに 186ドル もらっています。まるで、さぎょうしょが わたしを だまらせるために、きゅうりょうを はらうことに したようです。やってられません。だれも、わたしの フマンを、とめようとは しませんでした。

　わたしのいる ピープル・ファーストの なん人かは、さぎょうしょを やめました。わたしも ふくめ、じぶんたちで しごとを みつけようと、地域に でて いきました。

　ざんねんな ことに、たくさんの しょうがいの ある 人たちが、

どうしたらいいか わからずに、まいとし さぎょうしょに やって きます。
　しょちょうとの はなしあいで、わたしは、たくさんの ことを まなびました。わたしは、これから どうして いくべきか、きが つきました。わたしは、わたしが かかえていたのと、おなじような もんだいを かかえている人が いる ということに、きがつきました。わたしには、人に じぶんの きもちを つたえていく 力がある ということ、ほかの人に じぶんの きもちを つたえてもいいよ と、はげますことが できる ということも しりました。
　これが、わたしが いまも ピープル・ファーストの うんどうに さんかしている りゆうです。というのも、わたしは、だれでも じぶんの きもちを 人に つたえて いくことができるよ と、はげましながら、ひとり ひとりが もっと よい生活を おくれるように、しえん できると しったからです。

これが、グループとして、「じぶんたちの 権利を じぶんたちで まもる」ということの よい れいです。グループを つくることに よって、おたがいに たすけあうことが できるからです。グループの みんなが、しょちょうとの はなしあいに でかけ、みんなが 力を あわせたから、つよく なれたのです。しょちょうは、たった 1人 だったのです。しょちょうは、メンバーの いっていることを、ただ きくしか なかったのです。

　ピープル・ファーストの グループが、どうしたら、変われるのか、そのモデルを、いくつか みてみましょう。

- ある さぎょうしょで、しょちょうは、さぎょうしょで はたらいている 人たちを、しごとが おわったあと、しょうめんの ドアから かえす のではなく、うしろの ドアから かえすことに していました。しかし、うしろの ドアは、ぬかるみの ちゅうしゃじょうに つうじて いました。そこで、ピープル・ファーストの 人たちは、しょちょうに はなしあいに きてもらい、なぜ、こうしたやりかたに 変えたのかを、せつめい してもらうことに しました。そして、ピープル・ファーストの 人たちは しょちょうに、また しょうめんの ドアから かえれるように、こうしょう しました。
- ピープル・ファーストの いくつかの グループでは、じぶんたちが はいっている だんたいの 名前を、「知的障害者」から「地域居住者」という 名前に 変えさせるのに、せいこう しました。たとえば、ケノーラ知的障害者協会は、ケノーラ地域居住者協会 という 名前に 変えさせました。
- ブリティッシュ・コロンビアの あるグループは、レストランの オーナーを、さいばんしょに うったえました。なん人かの メンバーが、レストランに はいるのを キョヒ されたからです。かれらは さいば

んに かった だけでなく、さいばんしょは、レストランの オーナーに、500ドルの そんがいばいしょうきんを はらい、おわび文を 書くように めいれい しました。

- オンタリオの さぎょうしょの グループは、りよう者が、しょくいんと おなじように きゅうけいが とれるように、ようきゅう しました。しょちょうとの はなしあいが おわってから、ごぜん、ごご、1回ずつ、きゅうけいが とれるように なりました。

- ほかの いくつかの グループでは、しょうがいの ある人たちに たいする、からだを つかっての イジメや、性てきに ひどいことを することに たいして、おおきな 声を あげています。ほかの グループでも、さぎょうしょや グループホームの ありかたを 変えるのに、せいこうしています。ピープル・ファーストでは、しんぶんや、テレビ、ラジオで、なぜ、施設を なくし、地域に 住む ひつようが あるのかを うったえています。

いじょうが、グループで、「じぶんたちの 権利を じぶんたちで まもる」ことが できる れいです。グループは、ひとりよりも、もっと つよい力が あります。でも、いつも うまくいく とは、かぎりません。ときには、イヤなことも おこります。わたしたちが ひつようと するものを、えられないときも あります。わたしたちが くみこまれているシステムを 変えることが、むずかしい からです。でも、さいしょ うまく いかなくても、きにしないで ください。いつでも、ほかの ことを やって みることが できますので。

第5しょう

みんなで、グループを 変えよう

　マサチューセッツしょうがいしゃ市民連合は、じぶんたちの そしきを、どう つくり 変えて いったら よいのかを、わたしたちに おしえてくれました。かれらが わたしたちに おしえて くれたことを、ひとつ ひとつ、みていくことに しましょう。これらを みていけば、ピープル・ファーストのような グループが とりあげたいと おもっていることが どういうものかが、わかると おもいます。たとえば、じぶんたちが はいっている 会の 名前を、「知的障害者協会」から「地域居住者協会」に 変えた、ということ などです。これは、グループが とりくもうと きめた、ほんの 一つの れいです。グループの メンバーに とって たいせつな ことが、ほかにも きっと あると おもいます。

1．まず、おかしいなと おもっている ことを だしあい、書きだ
　 して みましょう。
　おかしいと おもうことが、へんかを つくりだすのに やくに たちま
す。まず はじめに、おかしいと おもっていることを だしあい、書き
だして みることです。グループの メンバーに、いくつか しつもんを
だして みましょう。そして、どうして おかしいと おもうのか、どう
したら よいのかを、考えて もらいましょう。たとえば、さいきん お
かしいなと おもったことを おぼえている 人は、どのくらい いるでし
ょうか。しょうがいが あるために、イヤな おもいを した人が、どの
くらい いるでしょうか。おかしいと おもっても、じぶんの なかだけ
に しまった 人は、どのくらい いたでしょうか。おかしいと おもって、
なにかを した 人は、どのくらい いるでしょうか。あなたは、そのと
き、どうしましたか。このような しつもんを することにより、おかし
いと おもった ことが なにかを しるのに、とても やくに たちます。
<u>おかしいなと おもった ことが なにかが わかれば</u>、どうして そう お
もったのか、なぜ そう 感じたのかを、知ることが できます。いちど、
おかしいなと おもった ことが わかれば、どうしていけば よいのかも
わかるように なります。

 2．つぎに、おかしいなと おもった ことに、とりくみましょう。
　おかしいなと おもった ことを、ひとつ ひとつ とりあげて みまし
ょう。ある 一つの<u>こと</u>に、いっしょに とりくみ、それを なくして い
くように しましょう。たとえば、「ちえおくれ」と レッテルを はられ
たり、「グズ」とか、「バカ」とか いわれたら、だれだって ムッと す
るでしょう。こうしたことは、しょうがいの ある 人たちも、ほかの 人
たちと おなじだと 考えていない ことから おこります。そうしたこと
が わかれば、つぎに すすむことが できます。

3. さらに、やってみたいと おもうものを えらびましょう。

　たとえ、そのことが わかったとしても、いちどに すべてのことを 変える やりかたなど ありません。ですから、やらなければ いけない ものを、ひとつ ひとつ とりだし、やってみたいと おもうものを、一つか 二つ えらんで みることが、ひつように なります。なにかを きめていくのに、ひつようだと おもわれるものを 七つ、つぎに しめして みましょう。

（1）　ほんとうに できるか どうか

　やってみたいと おもった ことが、ほんとうに できることか、なくすことが できるか どうかを、考えて みましょう。たとえば、「ちえおくれ」と きめつけられて、おこっている 人の ことを 考えて みましょう。この人たちは、ただ たんに、しごとの ばしょを かわりたい、とおもっている だけかも しれません。あるいは、もう はたらきたくないと おもっている かもしれません。もし そうなら、どんなことを しても むずかしいかも しれません。

（2）　ほんとうに、わかっているか どうか

　あなたは、やってみたいと おもっている ことが、どういうものか、わかっていますか。ほかの 人たちは どうでしょうか。いっぱんの 人たちは どうでしょうか。たとえば、レッテルを はられることに たいして たたかうことが、なぜ たいせつなのか、わかって いないとしたら、だれも、このことに、それほど おおくの じかんを かけたいとは おもわない でしょう。

（3）　小さな ことから

　さいしょは、小さな ことから はじめ、だんだん 大きな ことに と

りくんで いくのが よいでしょう。たとえば、「ちてきしょうがい」と いう 名前を 変えたい、と おもった ときには、じぶんたちの そしきの 名前を、「知的障害者」から「地域居住者」に 変えるための とりくみから はじめたら どうでしょう。そのほうが、社会の ひとり ひとりの 考えかたを 変えたり、いちどに、すべての レッテルを はらない ように させるよりも、もっと かんたんに できるでしょう。いちど、じぶんたちの そしきの 名前を 変えさせる ことが できれば、レッテルに かんする ほかのことにも えいきょうを あたえ、とりくみやすく なるでしょう。

（４） じぶんたちに できる ことから

　まず、小さな ことから はじめた ほうが よいと、おもいますか。それとも、よのなか ぜんたいを 変えた ほうが よいと、おもいますか。たとえば、「ちてきしょうがい」という 名前を、いますぐに なくそう としても、きっと うまく いかないでしょう。「ちてきしょうがい」という 名前を なくすためには、わたしたちが イヤだと おもっている 考えかたを、ぜんぶ 変えなければ なりません。とても たいへんな ことです。でも、じぶんたちの そしきの 名前を 変える ことから はじめれば、もっと うまく いくでしょう。よのなか ぜんたいを 変える ひつようが ないからです。じぶんたちの そしきの 名前を 変える だけで いいのです。小さな ことから はじめ、あとから、大きな ことに とりくめば、じしんを もつことが できるように なるでしょう。

（５） まわりにある、たいせつな ことから

　やってみたいと おもったことは、ほんとうに、わたしたちの 生活に たいせつな こと だったのでしょうか。もし、それが、わたしたちの まわりにある たいせつな ことで なければ、たくさんの じかんを か

けて、いっしょうけんめい やりたいとは、おもわないでしょう。しかし、じぶんたちの そしきの 名前を 変えることが、「ちえおくれ」とか、「ちてきしょうがい」と、レッテルを はってきた 人たちの タイドを 変えさせるのに やくに たつ、ということが わかれば、もっと やってみたいと おもうに ちがいありません。

（6） じしんが もてるように なること

　イヤなことを なくすことで、じしんが もてるように なります。たとえば、じぶんたちの そしきの 名前を、「知的障害者協会」から、「地域居住者協会」に 変える ことが、できるなら、じぶんたちの 生活を 変える ことが できるし、そのへんかに きづくことも、できるように なるかも しれません。じしんは、なにかを やりとげたときに、えられます。じしんが もてるように なれば、じぶんたちの 生活に かかわる、もっと 大きな、もっと べつの ことに、とりくんで みようと おもうように なるでしょう。

（7） みんなで、やれるように すること

　みんなで、やれるように するために、だれでも さんか できるように しましょう。できるだけ、たくさんの 人が さんか できるようにしましょう。そうしないと、みんな、おもしろく なくなるでしょう。グループで、じぶんたちの そしきの 名前を 変えることに、どう とりくんだら よいのかの、けいかくを たてて みましょう。そして、だれもが かかわれる よい やりかたを みつけましょう。たとえば、なん人かは、そしきに てがみを 書く しごとが できるでしょう。なん人かは、しんぶんしゃと れんらくをとり、じぶんたちの かかえている ことを せつめいする ことが できるでしょう。どんな かつどうでも、しなければならない しごとは、いつでも たくさん あります。できるだけ お

おくの 人たちに、これらの しごとを、てつだって もらうのが よいでしょう。そうすれば、だれもが、やりかたを まなび、はたらきすぎなくて すみます。

　一つの ことに とりくむ ときは、みんなで やれるように することが、たいせつです。ピープル・ファーストの メンバーは、じぶんたちが、ほかの だれよりも イヤなことを たくさん かかえ、なくして いくことが ひつようだ ということを、しっています。そのことが、はっきり わかるように なるためには、じかんが かかります。だれもが さんか できるようにし、メンバーに じしんを もってもらう ことが できるような ものは なにか、メンバーを ダメにして しまうものは なにか、それを はっきり させることが たいせつです。いちど、それが なにかが はっきりし、もっとも たいせつな ことは なにかが わかれば、もくひょうに むかって、どう うごけば よいのかの けいかくが たてやすく なります。

4．さいごに、もくひょうに むかっていく ために、けいかくを たてましょう。

　もくひょうに むかっていく ために、けいかくを たてましょう。けいかくを たてる ことにより、もくひょうに むかって、うごきやすく なります。けいかくには、つぎに なにをしたら よいのかが しめされて います。けいかくは、つぎの 二つから できています。

（1）　<u>ぜんたいけいかく</u>

　ぜんたいけいかくは、グループ ぜんたいの けいかくです。ぜんたいけいかくは、どのように もくひょうに むかっていったら よいのかを、ひとつ ひとつ、しめしているものです。

みんなで、グループを 変えよう

(2) どう、うごいたらよいか

　もくひょうに むかって いくための けいかくが できたら、じぶんが どうしたら よいのかを、みてみましょう。けいかくを みれば、じぶんが <u>どのように うごいたら よいのか</u>が、わかるでしょう。ここには、<u>どう、うごいたら よいか</u>が、書かれているのです。

　たとえば、「ちてきしょうがい」という、いいかたに ついて みてみましょう。じぶんたちの グループで、メンバーが イヤがっている、じぶんたちの そしきの 名前を、「知的障害者協会(ちてきしょうがいしゃきょうかい)」から「地域居住者協会(ちいききょじゅうしゃきょうかい)」に 変えよう、という もくひょうを たててみる ことにします。

　そのために、つぎのような けいかくを たててみる ことにします。
　　①じぶんたちの 考えを もつこと
　<u>どうしたら</u>、そしきの 名前を 変えることが できるのか、そのやりかたを 考えましょう。どんな 名前が よいのか、とうひょうで きめましょう。だれに とうひょう してもらったら よいかを、考えましょう。いつ、とうひょうを したら よいのかを 考えましょう。

　　②じぶんたちの 考えを、そしきに つたえること
　なぜ、そしきの 名前を 変えたいのか、どうして あたらしい 名前を 考えたのかを、せつめいしに いきましょう。

　　③名前を 変えることに さんせいして くれる人を、さがすこと
　名前を 変えることに さんせいして くれる人を、さがしましょう。そして、じぶんたちの 考えを つたえ、はなしあって もらうように しましょう。

　ひとり ひとりが、どう うごいたら よいのかを、みてみましょう。

①じぶんたちの 考えを、そしきに つたえること

そしきの 名前を 変える ほうほうを、みつけるために：

a）しえん者に たずねましょう。

b）ピープル・ファーストの 会長に、そしきの 事務局長と れんらくを とって もらうように しましょう。

c）まえもって はなしあいが できるように、つぎの はなしあい までに、書記に、そしきの 規約を コピーして もらうように しましょう。

<u>どうしたら</u> よいのかを 考えるために、はなしあいを もちましょう。おなじことを するのにも、さまざまな やりかたが あります。一つの やりかたを、つかいたいと おもう人が いるかも しれません。二つ、あるいは三つ、すべての やりかたを つかいたいと おもう人が いるかもしれません。もし、三つ、すべての やりかたを つかう ひつようが なければ、つかわなくても よいのです。いちばん よい やりかたを えらんで、やりしましょう。

ほかにも、やりかたが あります。

②やって ほしいことを そしきに つたえること

そしきの 名前を 変えたい ということを つたえるために、どうしたら よいと おもいますか。ほかの グループで、すでに おこなわれた、やりかたを いくつか みてみましょう。

- 理事会に いき、なぜ 名前を 変えたいと おもって いるのか、その たいせつさを つたえる。
- 理事長に、てがみを おくる。
- そしきの 名前を 変えることに さんせいして もらうために、地域の 人たちから、ショメイを あつめる。

みんなで、グループを 変えよう

- 理事会で、じぶんたちの 考えを つたえる。
- メンバーの 考えを きいて もらうために、理事長に、ピープル・ファーストの はなしあいに きてもらう。
- ビラを くばり、あたらしい 名前に さんせいして くれるように、おおくの 理事に たのむ。

　こうした やりかたの いくつかは、ある グループには、やくに たちますが、ほかの グループには、やくに たたないものも あります。また、いま、一つの やりかたに とりくんでいても、あとで、ほかの やりかたを つかいたいと おもうかも しれません。

　あんぜんで、かんたんな やりかたも あります。また、むずかしくて、あぶない、やりかたも あります。たとえば、てがみを 書くことは、むかいあって はなしあいを するよりも、たいていは かんたんです。かんたんで、あんぜんな やりかたから はじめて、つぎに、あぶなくて、よりむずかしい やりかたに、とりくんで いくように したほうが いいでしょう。

　さらに、たいせつな ことは、けいかくを じっさいに やってみる ことです。そのまえに、けいかくに ついて はなしあいをし、だれもが わかるように つたえ、そのやりかたに、さんせいして もらうことです。

　けいかくを じっさいに やるときには、ひとり ひとりが、そしきを 変えようという きもちを もち、みんなと いっしょに うごけば、きっと うまく いくでしょう。グループで なにかに とりくみ、グループで いっしょに けいかくを たてるように しましょう。小さな ことから はじめて、やさしい ものから より 大きなものに とりくんで いくように することを、わすれないで ください。じしんが もてるように なると、きっと、うまく いくものです。

第6しょう

ピープル・ファーストが、ひとり ひとりの メンバーを、しえんします

おたがいに、たすけあいましょう

グループでは、メンバーが おたがいに たすけあう ことが できます。このことに ついて、リーダーが どう いっているのかを、きいてみましょう。

オンタリオ州、トロントの リーダー、ピーター・パーク

- ピープル・ファーストは、わたしに、じぶんの 生活や、社会生活で、まいにち おこっている ことに ついて、どうしたら よいのかを、おしえてくれました。
- ピープル・ファーストは、すべての レッテルを はられた 人たちが、どう みられているのかを おしえてくれます。わたしの 入っている ピープル・ファーストを とおして、じぶんの いいたいことや、ほかの 人たちの 権利について、どう つたえたら よいのかを、まなびました。ピープル・ファーストは、おたがいに、じぶんたちの きもちを わかちあい、しえんしあう ところです。

> ・わたしは、ピープル・ファーストを つうじて、おおくの 人に であいました。ピープル・ファーストで、友だちに なった うちの ひとりが、わたしの 妻(つま)です。かのじょは、友だち いじょうの 人です。

　おたがいに、たすけあう ことが たいせつです。あなたが、いままで、ピープル・ファーストを とおして であってきた 人たちを、しんじましょう。さぎょうしょに ついて 話をするときは、しょくいんや、おやと 話をするよりも、メンバーと 話をするほうが、よくわかる ことが おおいと おもいます。メンバーが おたがいに 話をすることで、ピープル・ファーストは、つよく なって いきます。ここでは、みんな いっしょです。ピープル・ファーストには、わたしたちの 生きかたの じゃまを しようとする 人は、だれも いません。わたしたちは、みんな、おなじ ことを のぞんでいます。

　おたがいに たすけあう ときに、たいせつな ことの 一つに、友だちの つくりかたを まなぶ、ということが あります。友だちを もつことは、たいせつな ことです。ピープル・ファーストは、いっしょに かつどうする ことを まなび、友だちづくりの えんじょを します。

社会の やくに たとう

　しょうがいの ある 人たちに たいする、まちがった 考えかたの 一つに、かれらは じぶんのことが あまり できず、社会に <u>ぜんぜん やくに たたない</u>、というものが あります。

　ピープル・ファーストでは、そういった まちがった 考えかたを 変えることが できます。ピープル・ファーストは、社会の やくに たつと <u>おもわれる</u> かつどうを、つくりだす ことが できるのです。たとえば、社会の やくに たつ、ボランティアかつどうを している グループ

も あれば、ぼきんかつどうを おこなったり、それに さんかをし、やくに たっている グループも あります。なかには、メンバーが おうえんする だんたいや、うんどうに、キフをする（お金をだす）グループも あります。

社会に ついて まなぼう

　ピープル・ファーストは、社会が どうなっているのかを まなべるように、えんじょして くれます。いくつか、れいを あげて みましょう。

- ミシサウガ・ピープル・ファーストは、ねんきんを うける 法りつの権利と、しごとを きめるときに 考えて おかなければ ならないことを しりたくて、べんごしに きてもらいました。メンバーは、ほうりつが なんのために つくられて いるのかに ついても、しつもんする ことが できました。

- パウエル・リバー・ピープル・ファーストでは、じぶんたちが よびかけた、はなしあいを みてもらう ために、しんぶんきしゃに、きてもらいました。たんに、そのはなしあいの ようすを、しんぶんに の

せる だけでなく、しんぶんの つくりかたも、まなびました。

- ほかの ピープル・ファーストでは、はなしあいに、せいじかに きて もらいました。これは、やくしょが どうなって いるのかを しる ための、よい やりかたです。べつの ピープル・ファーストでは、はな しあいに、ほけんじょ、けいさつかん、セント・ジョーンズ救急(きゅうきゅう)きょ うかいの だいひょうしゃに、ゲストとして きてもらった ところも あります。

あたらしい やりかたを、まなぼう

　わたしたちは みんな、あたらしい やりかたを、まなびたいと おも っています。あたらしい やりかたを、まなびますと いろいろな こと が わかるように なります。そうすることで、わたしたちは、いきがい を かんじ、やりがいを かんじます。

　ピープル・ファーストでは、じしんの もちかたや、じぶんたちの や りたいことを つたえる やりかた、お金の じょうずな つかいかた、友 だちの つくりかた、じぶんの きもちを しょうじきに つたえる やり

かた、おおぜいの 人たちへの はなしかたなど、あたらしい ことを、わたしたちに たくさん おしえてくれます。

　ほかの どこよりも、ピープル・ファーストで、より おおくのことを みにつける ことが できると きがついた メンバーが、たくさんいます。これは、ピープル・ファーストが、メンバーに よって おこなわれ、メンバーの ために おこなわれて いるからです。ピープル・ファーストは、しょくいんや おやによって、おこなわれて いるのでは ありません。ピープル・ファーストは、メンバーの ための そしき なのです。

　ここで、ピープル・ファーストが、メンバーのために できることを、いくつか しょうかいして みましょう。ピープル・ファーストが できることは、

－友だちが つくれるように、えんじょする ことです。
－メンバーが したいと おもうことを、えらぶことが できるように、たくさん じょうほうを あつめ、しめして あげる ことです。
－メンバーが、じぶんの 考えを いえるようにし、じぶんに じしんが もてるように、えんじょする ことです。
－メンバーの ひとり ひとりが かかえている ことは、みんなが おなじように かかえている ことだと おしえてあげる ことです。
－じぶんで やりながら、あたらしい やりかたを まなび、じしんが もてるようにする ことです。

　ピープル・ファーストで、メンバーが あたらしい ことを おしえてもらったり、あたらしい 力を もらったとしても、ピープル・ファーストに はいるまえに、イヤな おもいを してきた メンバーが、たくさんいます。イヤな おもいを たくさん もっているのです。そうさせて きたのは、社会なのです。社会は、「しょうがいしゃ」という レッテルを

ピープル・ファーストが、ひとり ひとりの メンバーを、しえんします　137

はり、どのような 生活を おくりたいか などには、まったく 耳を かたむけて きませんでした。メンバーから 力を うばい、なにも できなく してしまいます。ピープル・ファーストは、メンバーが こうしたことに たいして たたかっていく ことが できるように、えんじょします。ピープル・ファーストは、力が なかったり、力を うまくだせない 人に、力が だせるように、えんじょします。メンバーが、いちど 力を つけると、もっと いろいろな ことが できるように なります。

第7しょう

わたしたちの 権利

権利って、なんだろう

　権利とは、人びとを みんな おなじように するための、きまりです。わたしたちは、法りつで、ほかの 人たちと まったく おなじ 権利を あたえられています。わたしたちは、ひとりの 人間であり、ひとりの 市民なのです。

　生まれた ときから、わたしたちには、さまざまな 権利が あります。だれもが、権利を もっています。そのため、「人権＝じんけん」と よばれています。わたしたちが どんなに 年を とっていても、権利が あります。権利は、どこに 住んでいても、あたえられます。わたしたちの 権利が、だれからも うばわれないように するために、法りつが あります。法りつに よって まもられている 権利は、「法的権利」と いわれています。わたしたちの 権利を、だれかに うばわれないように するために、どんな 権利が あるのかを しっておくことが ひつようです。

　わたしたちの 権利には、つぎのような ものが あります。

- 生きる 権利－たとえば、びょうきの ときには、びょうきが よくなるように、いしゃに みてもらう 権利が あります。

- じゆうに 生きる 権利－たとえば、地域で せいかつする 権利。レストランで、たべたいものを たべる 権利。みんなが いっているところに いく 権利。じぶんの ものや、じぶんの お金を もつ 権利。
- じぶんの からだの ことを じぶんで きめる 権利－たとえば、いしゃに、「クスリを のみたくない」と いう 権利。しょくいんから なぐったり、おしたり されない 権利。しゅじゅつを うけるか、どうかを きめる 権利。
- ほかの人と、まったく おなじように、法りつを りようする 権利－しょうがいが あるから といって だれも わたしたちの 権利を うばうことは できません。このことは、「法の もとの 平等」と いいます。
- えらぶ 権利－たとえば、友だちを えらぶ 権利。えらんだ しごとに つく 権利。なにを たべたいのか、いつ ねたいのか、なにを きたいのかを、きめる 権利。せんきょで、じぶんの いれたい人に、とうひょうする 権利。
- きめる まえに、あらゆる じょうほうを える 権利。このことを「インフォームド・コンセント」といいます。
- よいか、わるいかが、わかるように、せつめいを してもらう 権利。
- 考えている ことを きいてもらう 権利。たとえば、さぎょうしょが、わたしたちの こうどうを しらべ、きゅうりょうを へらそうとする ときには、わたしたちには、じぶんの たちばから、じぶんの ことを はなす 権利が あります。わたしたちの、「けいかくを たてる はなしあい」で、<u>わたしたちが</u> どんなことを 考えているかを、はなす 権利が あります。
- もし わたしたちには むずかしいと おもうとき、わたしたちは、しえんを うける 権利を もっています。たとえば、わたしたちが こまっているとき、わたしたちは、べんごしや しえんしてくれる 人に、

そうだんする 権利を もっています。
- たべものを かったり、住むいえを もったり、きちんとした みなりをするのに、じゅうぶんな お金(かね)を もつ 権利。
- びょうきや ケガを したとき、びょういんに いって、みてもらう 権利。
- もし、だれかが、わたしたちを キズつけたり、ヒドイめに あわせたり、もっている ものが ぬすまれたり したとき、その人を うったえる 権利。
- きょういくを うける 権利。
- 「しごとを したい」と いう 権利。しごとが できるなら、しごとに つけるように してもらう 権利。
- わたしたちの しごとを している ところや、住んでいる ところ、ゆっくり やすむ ところが、あぶなく ないように してもらう 権利。

　わたしたちも、法りつで まもってもらう 権利が ありますが、ただしく しるのは むずかしい ものです。そのため、わたしたちは、さいばんしょに いき、法りつで、わたしたちの 権利を まもってもらう 権利が あります。だれでも、さいばんしょが きめた ことに、したがわなければ なりません。でも、さいばんしょが きめた ことが、おかしいと おもった ときには、もっと 上の さいばんしょに、うったえる 権利を もっています。
　せいじかは、せんきょで えらばれます。わたしたちの 権利を まもってくれる 法りつを つくるのが、せいじかです。法りつを 変える ひつようが あるときには、せいじかが はなしあって、きめて いきます。

わたしたちの 権利を、どのように つたえていったら よいでしょうか

もし だれかが、わたしたちの 権利を、すこしでも うばい とろうと したなら、つぎのような ことを やって みましょう。

- なにが おきているのかを、よく 考えて みましょう。そして、ひつようと おもわれる ことを、ひとつ ひとつ やってみましょう。
- だれに 話をし、だれに そうだんしたら よいのか 考えましょう。きめることが できる 人の ところへ、いきましょう。
- わたしたちの 権利に ついて しり、権利を つかって みましょう。権利が おかされたと おもったときには、まず、つぎのような 権利が あります。
    - なにが おこったのか、なぜ おこったのかを、しる 権利。
    - わたしたちが、「わかりました」と いうまえに、きめたことを 変えられるか どうかを、しつもんする 権利(「おかしい」と いう 権利)。
    - ひつようなら、えんじょを もとめる 権利。
- えんじょが ひつようだと おもったら、しえん してくれる しえん者を みつけましょう。しかし、かならず、<u>じぶんたちで</u> えらんだ しえん者に してください。住(す)んでいる ところによっては、「じぶんの 権利を じぶんで まもる」ことについて、よく しっている しえん者を、しょうかい してくれる ところが あります。こうしたところは、市民(しみん)の 権利を 市民の たちばにたって、考えてくれる ところとして しられています。「せいねんこうけん人」のように、わたしたちの 権利を まもるために えんじょ してくれる 人に、やくしょが お金(かね)を はらうことも あります。
- わたしたちに、やくに たつものを さがすように しましょう。その

なかから、わたしたちに もっとも よいものを えらびましょう。
- いま かかえている ことを、ほかの 人たちが どうやっているかを、しるように しましょう。どうしたら よいのかを、いろいろ まなびましょう。じぶんたちが 入っている ピープル・ファーストの グループへ いって、話を してみましょう。ほかの メンバーから、考えている ことを おしえて もらったり、てつだって もらったり しましょう。
- なぜ、権利が おかされて いるのかを、ききましょう。どうして そうなったのか、りかい できるまで、きくように しましょう。
- もらった 回答(かいとう)を、とって おきましょう。あるいは、回答を、テープに とって おきましょう。できるかぎり、おおくの じょうほうを えるように しましょう。そして、その回答が ただしいか どうかを、かならず たしかめましょう。じょうほうを くれたり、しつもんに こたえてくれた 人の 名前を、かならず 書いておくように しましょう。

わたしたちの 権利

じぶんの 権利について まなぶことは、「じぶんの 権利を じぶんで まもる」ことが できる 人に とっても、とても たいせつな ことです。リーダーに なる 人に とっては、とくに たいせつな ことです。もし じぶんたちの 権利について、法りつで どうなって いるのか、その権利を、どう まもったら よいのかを しらなければ、じぶんの いいたいことを、じぶんで つたえることは、とても できません。

第8しょう

じぶんたちの グループを、つよく しましょう

　どの グループにも、うまく いくときも あれば、うまく いかないときも あります。どの グループも、ほとんど、人が あつまらなかったり、おおくの メンバーが あつまって くることも あります。リーダーによっては、メンバーが かつどうに ねっしんで ないことや、グループの しごとを ねっしんに やってくれる メンバーが、たった 1人か 2人しか いないという、ふまんを もっている 人も います。また、グループが、どのような かつどうを しようと しているのか、これから なにをして いかなければ ならないのかを、メンバーが しらないと、こぼす リーダーも います。

　この しょうでは、こうした ことを、どうしたら、うまく やっていけるかを 書いています。これから、どうしたら、グループを もっと かっぱつに することが できるのか、<u>もっと おおくの メンバーに さんかして もらうには</u>、どうしたら いいか、ピープル・ファーストが、<u>もっと 力を つけていくには</u>、どうしたら いいか、そして、<u>ひとり ひとりの メンバー</u>が、ピープル・ファーストが やくに たち、おおくの ことを まなべるように するためには、どうしたら よいのかを、せつめいして いきましょう。

かつどうの もくてきを、はっきりさせること

どの グループも、まず さいしょに しなければ ならないことは、かつどうの もくてきを はっきりさせ、ぶんしょうに することです。かつどうの もくてきは、グループとして、いま なにを したいのか、グループが、いま 考えていることは なにかを、みじかく ぶんしょうに しましょう。1文(ぶん)か、2文(ぶん)で いいのです。

つぎに、ピープル・ファーストの もくてきを、二つほど、しょうかいしましょう。

1．サスカチュワンの ばあい

県(けん)の ピープル・ファーストの やくわりは、社会の 人たちに、しょうがいが あっても、ひとり ひとりが、あたりまえの 人間だ ということに、きがついて もらうことです。そのため、つぎのような ことを つたえて いきましょう。わたしたちは 人間であり、ほかの人と おなじ 権利(けんり)と、しなければ ならないことを もっています。わたしたちは、みんな おなじです。もし、みんな おなじように あつかわれるなら、わたしたちは、いろいろな ことが できます。わたしたちを しんらいし、わたしたちに まかせて ください。

わたしたちは、サスカチュワンで、「じぶんたちの 権利を、じぶんたちで まもろう」と、かつどうしている、とうじしゃグループです。

県の ピープル・ファーストから まなび、もくてきに そって、グループが うまく かつどうが できているか どうかを、しっかり、みていくように しましょう。

しごとに たいして、きちんと きゅうりょうを はらっているか

どうか など、ピープル・ファーストの メンバーに かんする ことは、国や、県、市の、福祉の 人たちと、はなしあうように しましょう。

2．オンタリオの ばあい

わたしたちの もくひょうは、
（1）すべての レッテルを はられた 人たちの 平等を、もっと すすめる ことです。
（2）おたがいに、じぶんたちの いいたい ことが いえ、じぶんたちで きめる ことが できるように、しえんする ことです。
（3）ピープル・ファーストの メンバーの、権利や 力を、社会に しめす ことです。

かつどうの もくひょうを つくっておくと、とても やくに たちます。その りゆうを、あげてみましょう。
（1）グループが、なぜ ひつような のかを、グループの メンバーに せつめいして あげれば、グループで どんな かつどうが でき、どうすれば その かつどうが できるのかが、よく わかるでしょう。そうすれば、メンバーに、かんしんを もって さんかして もらう ことが できます。
（2）もし メンバーが、グループは やくに たたないと かんじて いるようでしたら、いつも かつどうの もくひょうに もどって、考えて みましょう。そうすれば、メンバーに、「すすむべき 道」を、しめして あげることが できるでしょう。かつどうの もくひょうを ぶんしょうに しておけば、どうしたら よいのかが わかるでしょう。

じぶんたちの グループを、つよく しましょう　147

(3) かつどうの もくひょうが 書かれて いれば、それを つかって、社会の 人たちに、グループの ことを つたえる ことが できるでしょう。たとえば、しょうてんがいで パンを うるときに、かってくれた 人に、グループの おしらせを わたすのも よいでしょう。グループを しってもらうには、よい やりかたです。そうすれば、おおくの 人に、しっかりした、よく まとまっている よい グループだという、よい イメージを もって もらえるでしょう。

ここに、ワシントン・ピープル・ファーストが つくった すばらしい てびきが あります。とても よい てびきです。いっしょに、みてみましょう。

ピープル・ファーストを しえんし、はなしあいを うまく すすめるための、9つの「てびき」

（1）かならず、はなしあいが、<u>いつ</u>、<u>どこで</u> おこなわれるのか、みんなが わかるように しましょう。はなしあいの おしらせと よていを おくり、メンバーに しらせるように しましょう。

（2）かならず、しえん者の やくわりや、しえん者が なにをしたらよいのかが、わかるように しましょう。しえん者と、けいやくを かわしましょう。

（3）かならず、やくいん会を もちましょう。やくいん会で じゅんびを しておけば、メンバーとの はなしあいも、うまく すすむように なります。

（4）みんなが さんか できるような やりかたを、みつけましょう。ひとり ひとりが、グループの たいせつな メンバーだと、かんじて もらうことが ひつようです。

（5）はなしあいが どのように すすんで いるのか、なにが はなしあわれて いるのかを、みんなが わかるように しましょう。やさしい コトバや、絵(え)を つかって、はなしあいを すすめましょう。

（6）はなしあいは、メンバーに、じぶんたちに かんする たいせつなものだ、ということが わかるように しましょう。そうすれば、メンバーに、じぶんたちの グループだと かんじて もらうことが、できるように なります。

（7）グループの、3〜6カ月の けいかくと、もくひょうを たてましょう。こうすると、みんな、これから どうしようと しているのか

じぶんたちの グループを、つよく しましょう

が わかるでしょう。
（8）はなしあいは、たのしく やりましょう。さんかしゃに、いっしょに やっていて、たのしいと かんじて もらえば、また、はなしあいに きたいと おもって もらえるでしょう。
（9）グループが、いま かかえている ことに、「にげずに」とりくみましょう。いま かかえている ことを、そのままに しておいては いけません。「じぶんの 権利を、じぶんで まもる」ためには、いま かかえていることを かいけつしておく ひつようが あります。

ピープル・ファーストを しえんするための 9つの てびき

（1）かならず、はなしあいが、いつ、どこで おこなわれるのか、みんなが わかるように しましょう。
- はなしあいの おしらせと、よていひょうを つくりましょう。
- メンバーに おしらせをし、はなしあいに さんかするように、よびかけましょう。
- グループホームや さぎょうしょに いって、はなしあいで、どんな ことを しようと しているのかを、しらせて あげましょう。
- 友だちに、はなしあいの ことを おしえて あげましょう。
- と どうじに、はなしあいは、あそびとは ちがう ということも、おしえて あげましょう。

（2）かならず、しえん者が、なにを したら よいのかが わかるように しましょう。
- しえん者は、メンバーが とうひょうで えらぶように しましょう。
- しえん者は、メンバーが しんらい できる人で、ピープル・ファーストの やくわりを しっている 人が いいでしょう。
- しえん者は、メンバーが いま かかえている ことに、じぶんたち

で とりくみ、そのけっかを みて、しえん するように しましょう。
- しえん者は、メンバーが じぶんたちで はなしあい、きめることが できるように、しえん しましょう。
- しえん者と、「けいやく」を かわしましょう。

(3) かならず、やくいん会を もちましょう。
- やくいん会は、リーダーを やるときに、やくに たちます。
- やくいん会は、メンバーとの はなしあいを うまく すすめ、話の ないようを せいりするためにも、やくに たちます。
- やくいん会は、グループで なにを したら よいのかを はなしあい、メンバーが、だれでも さんか できるように するためには、どうしたら よいのかを 考えるのに、やくに たちます。
- もし、しえん者が、うまく やくいん会を しえん してくれたら、リーダーは、メンバーとの はなしあいを、じぶんたちで すすめて いくことが できるでしょう。

(4) みんなが、さんかできる やりかたを、みつけましょう。
- ひとり ひとりが、たいせつな メンバーだと かんじて もらうことが、ひつようです。
- いいん会を つくり、どれかに さんか できるように すると、よいでしょう。
- メンバー ひとり ひとりに、つぎのような やくわりを もって もらうように しましょう。

　　ハタを あげる かかり
　　はなしあいで、あいさつをする かかり
　　おカシや コーヒーを よういする かかり
　　住まいや しごとの ほうこくをする かかり

じぶんたちの グループを、つよく しましょう

- メンバーに、たいせつだと おもわれる じょうほうが えられるように、いつも、「おしらせ」の じかんを もつように しましょう。

〈いろいろな かかり〉

　グループが かっぱつに なると、しなければ ならない しごとが、たくさん でてきます。もんだいなのは、やくいんが すべて、しごとを やって しまう ことです。たとえば、会長(かいちょう)と 副会長(ふくかいちょう)で、ダンスパーティを けいかくし、つぎの はなしあいを けいかくし、れんらくしたり、さらに、つぎの ニュースレターを だすことなど、ぜんぶ、じぶんたちで やってしまう ことなどです。たった 2人で やるには、おおすぎますし、ほかの メンバーは、ぜんぜん さんか できません。これでは、グループを おおきくしていく なんて、できません。

　たくさんの しごとを こなすための、もっとも よい やりかたは、たくさんの 人が かかわることです。もっと おおくの メンバーが、さんか できるように するには、いろいろな かかりを つくることです。かかりとは、ある 一つの しごとを おこなうために、えらばれた 人たちの、グループです。たとえば、おカシの かかりは、はなしあいの きゅうけいの ときに、おカシを だします。おせわの かかりは、あたらしい メンバーが さんか したときに、おせわを します。しんぶんの かかりは、しんぶんを だします。会長や 副会長が、すべての かかりに さんか しないように しましょう。もっと よい やりかたは、かかりが どのように やっているのかを しるために、やくいんが、ひとりずつ、一つの かかりに さんかする ことです。

　それぞれの かかりで、やくいんに たよらずに、じぶんたちで はなしあいが おこなわれたら、やくいんが わかるように、キロクを とり、かんたんに ほうこくが できるように しましょう。かかりが なにかを きめなければ いけないとき、やくいんに しつもんを することが、あ

るかも しれません。たとえば、しんぶんの かかりが、つぎの ニュースを のせたくて、お金(かね)が ひつように なったとしたら、やくいんに みとめて もらわなければ なりません。

そしきの かかりとは、グループとして なにかを しようと するときに、ひつような かかりです。このように、かかりでの かつどうは、たくさんの 人を ひつようとします。もし、いま、なにも かかりが なければ、すぐに つくって みてください。きっと、できる はずです。まず、一つの かかりを つくることから はじめましょう。そのかかりの ようすを みて、つぎの かかりを つくりましょう。

(5) はなしあいが どのように すすんで いるのか、いま なにが はなしあわれて いるのかを、みんなが わかるように しましょう。

はなしあいでは、
- やさしい コトバを つかいましょう。
- いま やっている ことが わかるように、絵(え)を つかい、おおきい 文字(もじ)で、書くように しましょう。
- きめるときは、メンバーに、なにを きめようと しているのか、どのように きめようと しているのかが、わかるように しましょう。
- しつもんを だしやすい はなしあいに しましょう。
- みんなが いえるように、してあげましょう。
- いま、なんのことに ついて 話を しているのかが わかるように、いろいろな れいを あげて はなすように しましょう。

〈きょうの はなしあいの ないよう〉

はなしあいでは、きょう、どんなことを はなしあうのか、その じゅんばんが 書いて あるものを、ようい しましょう。

つぎに しめすのは、おおくの ピープル・ファーストで つかわれて

じぶんたちの グループを、つよく しましょう

いる、はなしあいの じゅんばんです。

1．これから、はなしあいを はじめます。
2．しゅっせきを とります。
3．まえの はなしあいで、どんなことを はなしあったか、ほうこくします。
4．お金(かね)のことを、ほうこくします。
5．これまで どんなことを したか、ほうこくします。
6．これから、どんなことを したいか、はなしあいます。
7．おしらせを します。
8．このつぎの はなしあいに ついて、おしらせします。
9．これで、はなしあいを おわります。
10．これから、おちゃを のみながら 話を しましょう。

〈とうひょうの、やり方〉
1．ひとつめの 「ていあん」を します。
2．ふたつめの 「ていあん」を します。
3．「ていあん」に ついて、はなしあいを しましょう。
　それでは、「ていあん」が よいか どうかを、とうひょうで きめましょう。
4．さんせいの 人は、手を あげて ください。
5．はんたいの 人は、手を あげて ください。
6．けっかを はっぴょうします。

（6）はなしあいでは、メンバーが、<u>じぶんたちに かんする たいせつな もの</u>だと、かんじられるように しましょう。はなしあいが、メンバーの まいにちの 生活に かかわる、たいせつな もので あれば、

みんな さんかしたいと おもうでしょう。
- どの グループでも、メンバーに とって たいせつな ことを、きめるように しましょう。
- なにを はなしたら いいか、どんなことを したいのかを、みんなで きめましょう。

(7) グループの 3〜6カ月の もくひょうと、けいかくを たてましょう。
- しょうらいの もくひょうや、けいかくを たてて おくことは、メンバー ひとり ひとりが、これから どうしようと しているのかが わかり、よいと おもいます。
- しょうらいの もくひょうと、けいかくを もつことで、ひとり ひとりの メンバーに、じぶんの やくわりを しって もらうことが できるようになり、はなしあいが スムーズに すすみます。
- もくひょうと けいかくを もつと、はなしあいを うまく すすめる ことが できます。

(8) はなしあいは、たのしく やりましょう。
　さんかしている 人たちが、いっしょに やっていて、たのしいと かんじて もらえれば、また はなしあいに きたいと、おもうように なるでしょう。
- はなしあいの おわりに、おカシを たべながら、友だちと いっしょに、おしゃべりが できる じかんを、もてるように しましょう。
- 土よう日か、日よう日には、「がっしゅく」を もち、たのしみながら 「じぶんの 権利を じぶん でまもる」ための べんきょう会を ひらきましょう。
- えんそくや しょくじに でかけたり、パーティを するなど、グル

ープで、いっしょに たのしく すごしましょう。
- ユーモアを まじえて、はなしあいを すすめましょう。
- さんかしゃが、さんかして よかったと、かんじて もらえるように しましょう。
- はなしあいに きてくれた 人や、すばらしい 話を してくれた 人に、「ありがとう」と いうように しましょう。
- 「よい話」を してくれた 人や、いつも はなしあいに でている 人に、なにか おれいを しましょう。

(9) グループが、いま かかえている ことに、「にげずに」 とりくみましょう。
- どの グループにも、「うまく いっている とき」も あれば、「うまく いかない とき」も あります。
- いま かかえている ことを、そのままに しておいては いけません。
- 「じぶんの 権利を じぶんで まもる」ためには、いま かかえている ことを かいけつする、ひつようが あります。
- みんなで あつまり、グループが かかえている ことを、はなしあいましょう。メンバーから、かいけつの ヒントを えるように しましょう。
- 「じぶんの 権利を、じぶんで まもる」ことは、とても たいへんな ことです。メンバーに、人として せいちょうの チャンスを あたえ、しっぱいから まなぶように しましょう。
- グループが、いま かかえていることに、「にげずに」 とりくむことにより、グループが もっと つよく なるでしょう。
- いま かかえている ことは なにかを しり、かいけつの しかたを 考えましょう。

第9しょう

ピープル・ファーストを もっと よく しって もらうための、二つの やりかた

　これまで、わたしたちは、メンバーに なってもらう ためには、どうしたら よいか、メンバーも、グループも、もっと つよく 大きく するためには どうしたら よいかを 考えてきました。さて、これから、じぶんたちの グループを、もっと よく しって もらうように するために、二つの やりかたを みていきましょう。その二つとは、つぎのような ものです。

1. じぶんたちの グループを、せんでん しましょう。
2. ほかの グループと、きょうりょく しあいましょう。

　1. じぶんたちの グループを、せんでん しましょう。
　じぶんたちの グループを、もっと つよく 大きく するためには、ほかの 人たちに、じぶんたちの グループの ことを しって もらうことが、ひつようです。なにを するにも、おおくの げんきな なかまが いなければ、あまり うまく いきません。だれも わたしたちの ことを しらなければ、地域で やりとりを することも、しえんを うけることも できないでしょう。ピープル・ファーストが 考えている ことを、

しって もらうために、うまい せんでんの やりかたを、かんがえましょう。

　おおくの グループが やっている、せんでんの やりかたには、ポスターや チラシ、インターネット、ビデオ、えいが、しんぶん、などが あり、テレビや ラジオ、しんぶんの インタビューを うけることも あります。どれを するにも、けいかくを たてたり、おおくの じゅんびが ひつようです。したがって、どれか 一つの やりかたを とりあげ、その やりかたを うまく やれるように するのが、いちばん よいでしょう。

　じぶんたちが、だれに つたえたいと おもって いるのかを、考える ことも たいせつです。あたらしい メンバーを 入れたいと、考えて いる グループも あるでしょう。地域の 人たちから、えんじょを えたいと、おもっている グループも あるでしょう。

　どんな せんでんの やりかたが いちばん よいかを しるために、だれが、なぜ、どのように、どこで、いつ、なにを と、ひとり ひとりが、考えて みましょう。

　つぎに、上で 書いた 二つのことを とりあげ、どうしたら、うまく、せんでん できるのかを、みていくことに しましょう。

(1) メンバーに なって ほしいと おもう 人たち

　<u>だれに</u>、メンバーに なって ほしいと おもいますか。わたしたちは、じぶんたちの グループに はいって ほしいと、おもっている 人たちや、「ちてきしょうがい」と よばれている 人たちに、はいって ほしいと おもっています。<u>なぜ</u>、そう おもって いるのでしょうか。「ちてきしょうがいしゃ」と、よばれている 人たちに、ピープル・ファーストは、<u>じぶんたちの</u> グループだ ということを、わかって もらうことが、たいせつだからです。ピープル・ファーストに さんかする ことに よっ

て、じぶんたちで、いろいろな ことが できるように なります。あなたは、こうした 人たちに、どんなことを つたえたいと おもいますか。ピープル・ファーストとは なにか、そして、なぜ ピープル・ファーストに 入ったほうが よいのかを、せつめいして あげましょう。

　それには、どうすれば よいのでしょうか。ちょくせつ はなしあうことが、いちばん よいかも しれません。なにか 書いて あげれば、わかりやすいかも しれません。しゃしんを つかえば、もっと わかりやすいかも しれません。そうすれば、おもしろく、ムネが ワクワクするはずです。おおくの 人たちに、きにいって もらえる はずです。じぶんたちの やってみたいと おもう やりかたが、どのくらい、お金が かかるかを、しらべて みましょう。ビデオを つくるのは、たかいかも しれませんが、ポスターなら、もっと やすいかも しれません。

　どこで せんでんしたら、いいでしょうか。ひとり ひとりに つたえるよりも、いちどに おおぜいの 人たちに つたえる ほうが、はやく、かんたんに、つたえられます。おおくの 人と れんらくを とりたければ、さぎょうしょに でかけても よいでしょう。グループホームに でかけても よいでしょう。

　いつ せんでん するかは、いつ はなしあいを したらいいか によって、変わります。大きな たいせつな はなしあいを ひらこうと するときには、まえもって、たくさん せんでんを しておくと よいでしょう。小さな はなしあいや、それほど たいせつと おもわれない はなしあいの ときは、1しゅうかん ぐらい まえに れんらくをすれば、よいでしょう。

（2）地域の 人たちを よく かんさつしましょう－地域の 「きょうりょくしゃ」

　だれと、なかよく なりたいと おもいますか。ピープル・ファースト

のことを しらない 人たちが、地域に たくさんいます。メンバーに いじわるを しようとする人が、いるかも しれません。なかよく なりたいと おもう人が、いるかも しれません。

　<u>なぜ</u>、その人と なかよく なりたいと、おもったのでしょうか。いくつかの りゆうが あるようです。ピープル・ファーストでは、住まいのことで はなしあいたいと おもっています。ピープル・ファーストでは、お金の ことも はなしあいます。なかよくなった 人たちに、お金の ことを きいてみたいと おもっています。地域で おこっている ことも、かいけつしたいと おもっています。わたしたちは、地域に しょうがいの ある人たちの ことを わかってくれる 人たちが いてほしいと、おもっています。

　地域の 人たちに、<u>どんなことを</u> もとめたら いいでしょう。じぶんたちの 権利(けんり)や、人として あつかって ほしい、という ことでしょうか。じぶんたちの グループが どういう グループか、どんなことを しているのか、ということかも しれませんね。じぶんたちが なにをもとめ、地域の 人に なにを つたえたいのかを、はっきり させましょう。もし、お金のことで えんじょを ひつようと しているなら、えんりょなく おねがいして みましょう。じぶんたちの 権利の ことで、しえんをして ほしいなら、そう いいましょう。

　<u>どう</u> せんでんしたら よいのかは、だれに、なにを、つたえたいのかによります。たとえば、しんぶんの インタビューに かんするものは、たくさんの 人たちに よまれています。ゆうがたの ニュースを りようすれば、いちばん かんしんが もたれ、たくさんの 人たちに みてもらえるかも しれません。しょうてんがいの パンやの まえで、チラシをくばるのも、一つの やりかたです。そうすれば、とおっている 人に、わたしたちの ことを しって もらえるでしょう。でも、そのときには、よい イメージを もって もらえるように することが、とても たいせ

つです。町の 人たちに、わたしたちの グループのことを、よく しって ほしいからです。

　いつ どこで せんでんを するかは、いま みてきた とおりです。よく かんがえて みましょう。まず、しっかり けいかくを たてましょう。そのために、じゅんびに じゅうぶん じかんを かけましょう。このことを、よく おぼえて おいてください。

2. ほかの グループと いっしょに とりくみましょう

　なにかを、ぜひ やりとげたいと おもったら、ほかの グループと きょうりょく しあい、みんなで たすけあい、もくてきに むかって、いっしょに やっていくように しましょう。たとえば、チカッテミィ、ケベックでは、ピープル・ファーストの グループが、しょうがいしゃ連盟に はいっています。この そしきには、目の ふじゆうな 人たちの 協会や、むずかしい びょうきの 人たちの 協会なども はいっています。

　連盟に はいって、ほかの グループと いっしょに かつどう すると

きに、心に とめて おかなければ ならないことを、いくつか みてみましょう。

（1）ピープル・ファーストが、ほかの グループと、なぜ いっしょに やろうと しているのかを、わかって もらうように しましょう。
（2）じぶんが だれで、ピープル・ファーストが どういう だんたいなのかを、ほかの グループの 人たちに、しって もらうように しましょう。
（3）ピープル・ファーストが、連盟(れんめい)で うまく やっていけるように、さんかの しかたを かんがえて もらいましょう。たとえば、はなしあいでは、おおぜいの 人が わかりにくい、むずかしい コトバを、たくさん つかいます。連盟の はなしあいでは、ピープル・ファーストの メンバーが、おたがいに わかるように たすけあい、はつげん できるように、1人ではなく、2〜3人で、さんか できるように してもらいましょう。はなしあいで、こうしたことを せつめいし、ほかの 人たちに、わかって もらうように しましょう。

連盟に 入って、いっしょに やることで、ピープル・ファーストも、いろいろな ことが わかってきますし、地域の 人たちにも しられていくように なります。

第10しょう

しえん者に ついて

よい しえん者を えらびましょう

よい しえん者を えらぶのは、むずかしい ことです。このしょうでは、しえん者に ついて 書いています。よい しえん者の えらびかたに ついて、みていきましょう。

まず、はじめに、しえん者の 三つの タイプについて、みていきましょう。しえん者の タイプには、「しえんを しすぎる」「あまり しえんを してくれない」「しえんを しても、やりすぎない」の、三つが あります。

1. よる おそくなって、みんな つかれていたとき、アルフレッドが、グループホームで ぬすみをした 人のことを、もちだしたことが ありました。でも、どうしたら よいか きめるのに、とても じかんが かかって しまいました。みんなで 考えている ことを だしあいましたが、どうしたら よいか、だれにも わかりませんでした。とうとう、しえん者の ジョーが、つぎのように いいました。「じゃあ、こうしましょう。わたしから、しょくいんに、すべての ドアに、カギを つけて もらうように、いって おきましょう。カギやさんには、わたしが お金を はらって おきます。ヘヤの カギを もらったら、みなさんに わたします。もう、なにも しんぱい しなくても、いいですよ」。

2．グループで、ダンスを しようと きめました。わたしたちは、日を きめ、ばしょを みつけ、ポスターを つくり、町に はりだしました。いま、みんなで、おくりむかえの しかたに ついて、きめようと しています。

　おおくの メンバーが、グループホームに 住んでいますが、おやと いっしょに 住んでいる 人も います。わたしたちの 町は、バスが あまり とおって いないため、車で おくりむかえ しなければ なりません。でも、メンバーで、車の めんきょを もっている 人は、2人しか いません。そのため、いちどに、2～3人 しか、はこべません。

　しえん者の スターンは、だいどころで、コーヒーを いれていました。わたしたちは、かれを よんで きて もらいました。かれは、すわって うでぐみを しました。「いいかい。これは、きみたちの グループ なんだよ。わたしに きかないで、じぶんたちで、どうするかを かんがえてよ。じぶんたちの ことは、じぶんたちで、なんとかしてよ」と、かれは いいました。

3．はなしあいが はじまる じかんが、すぎて しまいました。まだ、たった 5人しか、きていません。しかい者が、つぎの ように いいました。「たくさんの 人が、わたしの ところに やってきて、こんしゅうの よていを きいて いました。みんなが、きたがって いましたが、いつ はなしあいが ひらかれるのか、だれも しりませんでした。はなしあいの 日を きめた ときには、みんな すでに、なにか よていが 入っていて、みんなに しらせる じかんが とれませんでした。ここに、わたしたちしか いな

いのは、そのためだと おもいます」。

　パッツィが、つぎの ように いいました。「そうか。みんな、はなしあいが、いつ おこなわれるのか、わからなかったんだ。れんらくを うけとるのも おそかったし。これから、どうしたら いいんだろう？」

　わたしたちは 5人で、考えたことを だしあいました。わたしたちは、はなしあいの 2〜3しゅうかん まえに、メンバー ひとり ひとりに、おしらせを おくることに きめました。おしらせには、いつ、どこで、なんじ から、はなしあいが おこなわれるのかを、書くことに しました。

　「でも、だれが 書いて、どうやって、みんなに わたしたら いいだろう？」と、パッツィが いいました。だれも、こたえられませんでした。

　「こうしたら」と、しえん者の パムが いいました。「まいつき 1かい、じむしょに かおを だして くれれば、パソコンが つかえますよ。パソコンで 書いたら、みんなの ぶんを、コピーして おくれるように、おてつだい します。パッツィ、それで どうですか？」

　「そりぁ、いい。パムに、ちょっと てつだって もらえば、パソコンが うてると おもうわ」と、パッツィが いいました。

　「じゃ、そうしましょうか。らいしゅう、月ようびの あさ、きてください。はじめだけ おてつだいを しますね」と、パムが、パッツィに いいました。「きっての お金を どうするかを、考えなくちゃあね。ロブ、つうちょうに、どのくらい お金が のこっていますか？」

どの しえん者が やりすぎていたと、おもいますか。どの しえん者が、やりすぎずに、ちょうど よい しえんを していたと、おもいますか。

　どのくらい しえんを してもらうかを きめるのは、グループの メンバーです。グループが はじめて なにかを しようと するときには、おおくの けいけんを している しえん者に、てつだって もらっても よいと おもいます。しかし、グループが いろいろな ことに なれてきたら、しえん者は いっぽ さがって、グループに まかせるのが よいでしょう。

つぎに、しえん者の やくわりに ついて、みてみましょう。

「しえん者の しごとは、グループの はなしあいで でてくる、とくべつな コトバを、わかりやすく せつめい してくれる ことです。でも、しえん者は、それいじょうの ことを してはいけません。メンバーが、おたがいに はなしあいが できるように するためです。しえん者が、ひつよう いじょうの せつめいを してしまうと、メンバーが、じぶんたちで、よい、わるいを きめる けいけんを もてなくなって しまいます。メンバーは、かならずしも、ほかの 人に たよりたいとは、おもって いないのです。メンバーは、しえん者の たすけ なしで、じぶんたちで やりたいと おもって いるのです。また、いつも しえん者に たよっていると、メンバーは、じぶんたちで はなしあいをする 力が ないと、おもって しまいます。しえん者は、メンバーに、ちょっと いってあげる だけで いいのです。メンバーが、しえん者を ひつようと しているときに、やくに たてば、いいのです」

「しえん者と メンバーは、おたがいに しんじあえる かんけいが、ひつようだと おもいます。そのために、グループが、しえん者を えらぶように しましょう。そのほうが、かんけいが はっきり しますし、おたがいに しんじあえる かんけいが 生まれてくる と おもいます。もし、おたがいに しんじあえる かんけいが なければ、おたがいに つたえあうことも できなく なるでしょう」

「しえん者には、わたしたちが ひつようとする ときに、しえんして もらいましょう。しえんは、できるだけ すくなくし、やりすぎないように しましょう」

しえん者が、じぶんの やくわりに ついて、せつめいしている もの

しえん者に ついて 167

が あります。みてみましょう。

　しえん者として たいせつな ことは、メンバー ひとり ひとりが、ピープル・ファーストを、<u>心から しんじる</u> ことが できるように しえん することです。わたしたち しえん者は、いつも、メンバーを 愛し、ささえて あげることです。もし、メンバーに、ちょっとした えんじょが あれば、じぶんの ことを 人に つたえることが でき、あたらしい ことが まなべるように なる ということが、わかるように なってきます。わたしたち しえん者が、もくひょうと するのは、たとえ どのように レッテルを はられた 人でも、だれでも、みんな、ほかの 人たちと、おなじ 権利を もっている ということです。わたしたち しえん者は、グループとして、メンバーが つよくなって いけるように、しえん していく ひつようが あります。よい しえん者は、メンバーの たちばに たって しえんし、メンバーと ともに、あゆんでくれる 人です。

　しえん者は、なぜ「ちてきしょうがい」と レッテルを はられているのか、そのイミを じかんを かけて しっかり つたえて あげるように しましょう。しえん者は、メンバーの たちばに たって、メンバーの 人生を 考えるように しましょう。よい しえん者は、メンバーの いっている ことに 耳を かたむけ、メンバーから、まなぼうとする 人です。<u>よい しえん者とは、メンバーに、よく 耳を かたむけられる 人の ことを いいます。</u>

　おおくの しえん者は、メンバーが もっていない もの、たとえば お金を、どのように つかったら よいか などを、よく しっています。しえん者は、ピープル・ファーストの しごとを、かわりに ぜんぶ やって しまわないで、「じぶんが しっている ことを、どうしたら、メンバーに つたえられるか、つまり、メンバーが、

じぶんたちで グループを すすめて いけるように するために、じぶんが しっている ことを、どう つたえたら よいのか」を 考えましょう。グループが やるべき ことを、しえん者が やってしまう ことが、とても おおいようです。それは、どう ものごとに とりくみ、どう すすめていったら よいのかを、メンバーに じゅうぶんに つたえようと しないからです。

　しえん者は、メンバー ひとり ひとりの おもいや ねがいを、たいせつに しましょう。しえん者は、メンバーが わかっているか どうかを、よく みながら、しえんして いくことが ひつようです。

　もし、しえん者が、グループづくりを したことが ある人 でしたら、そのときの けいけんが、とても やくに たつと おもいます。もし しえん者が、メンバーと いっしょに、しごとを したことが あれば、この けいけんも やくに たつでしょう。もし、しえん者が、グループホームや さぎょうしょの ことを よく しっており、法りつに あかるい 人なら、こんな いいことは ありません。しえん者が こうしたことを しっていると、メンバーの しえんが、しやすくなります。

もっと 自立しよう

　しえん者の やくわりは、メンバーが、じぶんで じぶんの 生活が できるように、しえんする ことです。また、メンバーが、じぶんで、きめることが できるように しえんする ことです。しえん者の やくわりは、グループが もっと 自立できるように、しえんする ことです。たとえば、ピープル・ファーストは、メンバーが きめる、メンバー ちゅうしんの グループです。そのために、ピープル・ファーストが できたのです。ほかの 人たちから きめられないように するために、じぶん

たちの グループの ことを、じぶんたちで きめて いかなければ なりません。

　もし、グループが、もっと 自立したい と おもっているのなら、しえん者は、さぎょうしょや グループホーム、しょうがい者だんたいの しょくいんでは ないほうが いいでしょう。しょくいんとして かかわって いると、いろいろな ことが かならず おこってきます。たとえば、もし、しえん者が、そうだんいんや 福祉しょくいんなら、メンバーの だれかが、さぎょうしょや グループホームを 変えたいと おもっていても、きにして しえんしなくなる かも しれません。しえん者は、とても むずかしい たちばに いるからです。しえん者が グループを しえんしている ために、じぶんの しごとを うしなって しまう のでは ないかと、考えて しまうからです。しえん者が、さぎょうしょや グループホームなどで はたらいている しょくいんや ボランティアで なければ、メンバーの ために、メンバーの たちばに たって、ものを いう ことが できるように なります。
　しえん者が ものを いいやすく するために、グループに かかわって いない しえん者を みつけて くるのが、よいと おもいます。ほかの そしきの人、たとえば、くみあい、こうみんかん、法りつそうだん に かかわっている 人の ほうが、いいでしょう。じぶんが せわに なって いる そしきから、しえん者に きてもらわなければ ならない ときは、いずれ、べつの しえん者を さがすように すると よいでしょう。

第11しょう

よい しえん者を、みつけよう

　よい しえん者を みつけるのは かんたんな ことでは ありません。しかし、グループが ひつようと している しえん者を みつける ための やりかたが、いくつか あります。そのための やりかたとして、すくなくとも、6つ あります。

1. グループが しえん者を えらび、しえん者に、じゆうに させない ように することです。まず、しえん者に めんせつを しましょう。めんせつを する まえに、グループで、めんせつが できるように、じゅんびを しておきましょう。グループとして、つぎのような ことを、きめて おきましょう。

   - グループとして、しえん者に してほしい ことは なにか。
   - グループが やりたい ことを、しえん者に、どのように しえんして もらったら よいか。
   - しえん者との あいだで、イヤな ことが おこったら、どうするか。
   - よい しえんが できていない とき、しえん者に、どう つたえたら よいか。

いちど、こうした ことが きまれば、なん人かの 人たちと めんせつし、しえん者として、いちばん ふさわしい 人は だれかを、えらぶ ことが できます。

2．メンバーは、しえん者に、いろいろな ことを おしえる ひつようが あります。

3．メンバーは、しえん者の やくわりに ついて 書いた、けいやくしょを つくりましょう。しえん者も、メンバーも、けいやくしょに サインを しましょう。

　　　けいやくしょには、しえん者の やくわりや、しえん者に、して ほしくない ことを 書いて おくように しましょう。けいやくしょは、まいとし、または、6カ月 ごとに、あたらしくする という ないようの ことも 書いて おくように しましょう。これは、じぶんたちで あたらしく きめた ながさで、かまいません。

4．しえん者と メンバーは、けいやくを まもるように しましょう。そのために、しえん者の しえんの ありかたを、チェックするための いいん会を つくり、いつも はなしあって おくように しましょう。

5．もんだいが でてきたら、かならず、しえん者と ちょくせつ はなしあいを もち、もんだいを なくして いくように しましょう。しえん者も、人間（にんげん）です。まなび、せいちょうし、へんかする チャンスを あたえましょう。

6．どうしようも なかったら、べつの しえん者を、みつけましょう。しんぶんに こうこくを だし、ボランティアを せわしてくれる ところにも、おねがいして みましょう。

　　しえん者の しえんの ありかたに、てんすうを つけましょう
　　しえん者に、てんすうを つけるために、まず、じぶんたちで、しえ

ん者に ついて つぎのような ことを はなしあって みましょう。

1. しえん者は、メンバーが じぶんで きめようと していることを、うまく しえんしているか、どうか。あたらしい ことが、まなべるように、しえんしているか、どうか。
2. しえん者は、メンバーが はなしあいを うまく すすめ、じぶんたちで きめ、じぶんたちの かつどうが うまく できるように、しえんしているか、どうか。

　もし、うまく しえんして いれば、よい しえん者です。もし、うまく しえん していなければ、あまり よい しえん者とは、いえないかも しれません。

　しえん者の、しえんの ありかたを はなしあう ときに、やくに たつ ことを、つぎに あげてみましょう。

1. わたしたちは、しえん者の しえんが なくても、もう うまく やって いけるだろうか。
   まだ、しえんを ひつようと しているとしたら、それは どんな ことだろうか。
2. わたしたちは、この 1ねんかん、しえん者から、なにを まなんだだろうか。
3. この 1ねんかん、グループが、しえん者から まなんだ ことは どんな ことだった だろうか。
4. グループに もんだいが でたとき、メンバーは、おたがいに たすけあって いただろうか。それとも、いつも、しえん者に たよってばかり いただろうか。

よい しえん者を、みつけよう

5．わたしたちは、しえん者と 考えていた ことが ちがっていたとき、「イヤなやつ」だと、おもわなかった だろうか。それとも、なんでも、しえん者が してくれると、おもっては いなかった だろうか。もし、しえん者と 考えていた ことが ちがっていた とき、しえん者の いっている ことを、かんたんに うけいれては いなかった だろうか。それとも、じぶんが ただしいと、いいつづけて いただろうか。もし、考えている ことが ちがっていた とき 友だちのように おもっていた しえん者が、いなくなって しまうのでは ないかと、おもわなかった だろうか。

　でも、よく おぼえておいて ください。しえん者には、ムリに あわせなくても いいのです。しえん者は、わたしたちの しえんを するために いるのです。しえん者は、ただしい ときも まちがっている ときも あるのです。もし、しえん者が、わたしたちや グループに とって、ほんとうに ひつような人 であれば、話が うまく かみあわなくても、きにしない でしょう。

　わたしたちには、しえん者に おしえる ことが、たくさん あるのです。よい しえん者は、わたしたちに、たくさんの ことを おしえてくれますが、それと おなじくらい、わたしたちからも おしえられているということを しっています。

　メンバーは、しえん者を ひつようと しています。わたしたちは、みんな、ときどき ちょっとした しえんが ひつよう なのです。そのためにも、メンバーは、しえん者に どんな しえんを してほしいと おもっているのかを、しってもらう ひつようが あります。しえん者に、メンバーと いっしょに かつどう してもらうように するために、しえん者を、じぶんたちで、つかえるように する ひつようが あります。しえん者にも、あんしんして しえんして もらうように、しなければ なり

ません。

「じぶんの 権利を じぶんで まもる」ためには、じぶんで、じぶんの生活を、しっかり みることが できるように することです。じぶんたちの グループで、しえん者を つかえるように なることは、ピープル・ファーストの メンバーにとって、とても、たいせつな ことなのです。

よい しえん者を、みつけよう　175

第12しょう

リーダーに なるために

　この本の はじめの ほうで、この本は、ピープル・ファーストや、小さな グループの リーダーである、みなさんの ための ものです と、書きました。これまで、なぜ、「じぶんたちの 権利を、じぶんたちで まもる」ことが たいせつなのか、どうすれば、そうできるか について、はなしあって きました。そこで、この しょうでは、リーダーの やくわり に ついて、もうすこし くわしく みていくことに しましょう。

リーダーの やくわり

　リーダーは、グループの せわをする 人 のことを いいます。リーダーは、グループに せきにんを もち、グループが うまく やっていける ように してくれます。リーダーは、ピープル・ファーストの 会長のように、せんきょで えらばれます。せんきょを しないで、リーダーが えらばれる ときも あります。

　リーダーの やくわりは、「グループを まとめ、ある ほうこうに ひっぱって いくこと」です。リーダーは、その やりかたを しり、やれるように しておく ひつようが あります。リーダーに なれるのは、グループを まとめて いくことが できる 人です。よい リーダーと なり、

グループを まとめて いけるように なるには、じかんが かかります。けいけんも ひつように なるでしょう。ほかの 人よりも、かんたんに、リーダーに なれる 人も いますが、おおくは、リーダーに なるための やりかたを まなぶことが、ひつように なります。

なぜ、リーダーの やくわりを 考える ことが、ひつようか
　ピープル・ファーストが、つよく 大きく なるには、まず、リーダーが、じぶんたちの グループを、どう まとめて いったら よいのかを、まなぶ ことです。リーダーが 力を つけていけば、いままで はいって いた だんたいには、しえんを もとめる ひつようが なくなります。グループが、つよく なれば なるほど、しえん者を ひつようと しなくなります。リーダーが 力を つけていけば、あたらしい グループが、生まれてくる かも しれません。そのグループが、つよく 大きく なれば、こんどは、じぶんたちで やっていこうと するように なるでしょう。

よい リーダーの そだてかた
　「なんでも よくできる リーダー」なんて、いません。わたしたちは、みんな、つよい ところも よわい ところも もっています。でも、わたしたちは、できるだけ、つよい ところを みせようと します。あたらしいことを まなんで、よわい ところを なくそうと します。
　リーダーが、はなしあいを うまく すすめて いくのに やくに たつ、とても すばらしい本が、いくつか あります。ワシントン・ピープル・ファーストが つくった、ワシントン・ピープル・ファースト の リーダーに なるための 本、『はなしあいを、うまく すすめるために』と、チャールズ・カーティスの、『ピープル・ファースト の 本』などが、そうです。これらの 本は、はなしあいの じゅんびの しかた、はなしあいの すすめかた、ていあんの しかた、はなしあいの すすめかたの

じゅんばん などを、しめしています。こうした 本は、グループを まとめていくうえで、とても やくに たちます。リーダーが しって おかなければならない、たいせつな こと ばかりです。

　よい リーダーが、どう うごいたら よいのかを しることも、たいせつな ことです。

リーダーは お手本

　リーダーは、グループで えらばれます。メンバーから、よい しごとを していると おもわれる 人が、えらばれます。リーダーに えらばれる 人は、メンバーから すかれ、そんけい されている 人が、おおいようです。リーダーの うごきが、メンバーの うごきに、えいきょうを あたえる ことが おおい ようです。これは、リーダーが メンバーに、おおくの えいきょうを あたえている、ということを いみします。もし、リーダーが、よい やりかたで、リーダーの やくわりを しめしますと、グループ ぜんたいが、よい ほうこうに いきます。もし、リーダーが、よくない やりかたで、リーダーの やくわりを しめしますと、グループは、わるいほうに いって しまうかも しれません。リーダーは、お手本 なのです。

　たとえば、もし 会長が、いつも はなしあいに おくれて くると したら、ほかの メンバーも、すぐに おくれて くるように なるでしょう。副会長が、なにか しようと ていあんし、なにも やらずに、いいわけ ばかり していると、ほかの メンバーも、すぐに いいわけを するように なって しまいます。

　いっぽう、会長が、いつも メンバーの だれとも、おなじように、うやまって せっしていると、メンバーは、おたがいに、おなじように、うやまって せっするように なります。会長や リーダーは、すべての メンバーの、いちばん よいものを ひきだす という、おおきな やくわ

リーダーに なるために　179

りを もっているのです。

　つぎに、リーダーが どう うごいたら よいのか、その れいを みて みましょう。

- よい リーダーは、しんらい できる 人 です。
  - リーダーは、やろうと いった ことを、いつも やってくれます。わたしたちは、じぶんの いった ことを やってくれる リーダーを、しんらいします。
- よい リーダーは、まえむきな 人 です。
  - リーダーは、わたしたちを やるきに させて くれます。また、リーダーは、メンバーが グループで やっている ことに、かんしんを もって、いっしょに やろうと してくれます。
- よい リーダーは、いっしょうけんめい しえんをする人 です。
  - むずかしい ことは よく しらべ、しらべた ことを つたえ、ほかの メンバーが いっしょに くわわり、いっしょに やれるようにはげますのも、リーダーです。
- よい リーダーは、ひかえめな 人 です。
  - べつの コトバで いえば、リーダーは、すごい ことを やっても、じまん しません。じぶんが やった ことを、じまん しないようにするのは、むずかしい ことです。リーダーは、じぶんが どんなにすばらしいか ということを、いっては いけません。リーダーは、メンバーが どんなに すばらしいか ということを、いって あげましょう。メンバーが、グループで いっしょに やったから できた、ということを つたえるように しましょう。
- よい リーダーは、グループの メンバーに、ほこりを もっている 人 です。

－リーダーは、グループの メンバー ひとり ひとりを、ささえなけ
　　　ればなりません。リーダーは、しえん者の ように、グループの
　　　メンバー ひとり ひとりに ねうちがあり、たいせつだ ということ、
　　　しょうがいが あっても、そとから どう みられようとも、なにも
　　　もんだいは ない、ということを つたえて あげましょう。リーダ
　　　ーが、メンバーを しんじられ なければ、メンバーの ほこりを う
　　　けとめる ことなど できません。たとえば、メンバーが 長いあい
　　　だ しゃべっていたり、メンバーには むずかしくて わからなかっ
　　　たら、リーダーは、この人は もうすこし しゃべりたいんだな、と
　　　考えて あげましょう。メンバーが しつもんしたら、リーダーは
　　　きちんと こたえて あげましょう。
- よい リーダーは、<u>グループの じょうずな まとめやく</u> です。
　　　－リーダーは、どこに もんだいが あり、なにが ひつようと されて
　　　いるかを しり、メンバーに、どうしたら よいかを、おしえて あ
　　　げましょう。
- よい リーダーは、あえて、<u>イヤな ことに たちむかっていく 人</u> で
す。
　　　－リーダーは、あたらしい ことや、むずかしい ことに、いっしょに
　　　とりくみながら、メンバーに ゆうきを あたえるように しましょ
　　　う。そうすれば、それまで、だれも 考えたことの なかった、あた
　　　らしい すばらしい 考えが、メンバーから だされてくるに、ちが
　　　いありません。
- よい リーダーは、<u>いま おこっている ことに、にげずに、とりくも
うとする 人</u> です。
　　　－もし、グループに なにか もんだいが おこり、リーダーが、オロ
　　　オロして、にげまわって ばかり いたなら、なにも かいけつ しま
　　　せん。リーダーが いま おこっている ことから にげて ばかりい

リーダーに なるために　181

て、なにも やろうと しなければ、メンバーは リーダーを しんようしなく なるでしょう。

　わたしたちが、リーダーだと しましょう。わたしたちは、リーダーとして、お手本（てほん）を しめさなければ なりません。メンバーは、わたしたちが やっている ことを みて、ゆうきづけられる でしょう。メンバーは、わたしたちが、どれくらい やれるように なったか、どのくらい、べんきょうを してきたかが、わかるでしょう。わたしたちも、メンバーも、社会から「しょうがいしゃ」という レッテルを はられて きましたが、わたしたちは、そんな レッテルなど きにしなくても いい、あたらしい やりかたを まなんで きました。メンバーは、リーダーとしての わたしたちに、ちゅうもく しています。そして、「リーダーに できる ことなら、わたしたちにも きっと できる」と おもう ことでしょう。

　わたしたちは、メンバーと にたような ところを たくさん もっているので、わたしたちが お手本を しめす ことによって、メンバーに、わたしたちがやってきた ことを、じぶんたちも やって みようと、やるきに させることが できるのです。わたしたちのような けいけんを していない しえん者も、しょくいんも、お手本には ならないのです。

リーダーは 先生（せんせい）

　ピープル・ファーストが はじめられた ころ、メンバーに、いろいろな ことを おしえていたのは、たいてい しえん者でした。ピープル・ファーストが うまく すすむように なると、もう おおくの リーダーたちは、あたらしい やりかたを おしえてくれる しえん者に たよるのを やめ、じぶんたちで、あたらしい やりかたを メンバーに おしえるほうが いい、と 考えるように なってきています。

このことが、ピープル・ファーストを すすめるうえで、大きな やくわりを はたしています。いつも しえん者に たよるのでは なく、じぶんたちの グループを、じぶんたちで やって いけるように、リーダーが、メンバーに おしえるように なって、ピープル・ファーストは つよく、大きく なってきました。メンバーが、リーダーから まなぶ ことは、たいせつな ことです。そうすれば、どのメンバーも、じぶんたちも、リーダーに なることが <u>できるかも しれない</u>と、おもうように なって いくでしょう。わたしたちは、おおくの きょうようを もっている しえん者で なくても いいのです。はなしあいを、うまく すすめるために、話(はなし)が じょうずになることも、グループを ムリに ひっぱって いく ひつようも ありません。

　リーダーは、しえん者よりも、もっと じょうずに おしえる ことが できます。リーダーは、しえん者よりも、たくさん メンバーの ことが わかっている からです。リーダーは、グループの ほかの メンバーと、おなじような 生活(せいかつ)を おくって きている はずです。そのため、「どこで、どんな 生活を してきたのか」が、よく わかるのです。

　リーダーとして、メンバーに、「じぶんの 権利(けんり)を、じぶんで まもる」やりかたを おしえる とき、つぎの いくつかの ことに きをつけて おく ひつようが あります。

1. よい リーダーは、あいての いっている ことを、<u>よく きいてあげられる 人</u>です。メンバーの いっている ことを、よく きいてあげれば、メンバーの ことを、もっと よく わかるように なるでしょう。メンバーが わかる やりかたで、おしえて あげましょう。
2. メンバーの おおくは、字(じ)を よむのが にがてです。したがって、ポスターや、絵(え)、そして、わかり やすい コトバを つかうように しましょう。そうすれば、メンバーは、なに について はなしてい

るのか、わかるでしょう。
3. なにかを じっさいに やって みると、よく わかります。ロールプレイや げき などを とおして、「じぶんの 権利を、じぶんで まもる」ための、けいけんを してもらいましょう。
4. たのしく まなぶ ということが、ひつようです。
5. わたしたちの まいにちの 生活に やくに たつ、たいせつな ことを まなびましょう。そうすれば、すぐに、学んだものを つかえますし、やくに たつことが わかるでしょう。

ほかの グループで やっている、「じぶんの 権利を じぶんで まもる」やりかたを、しょうかい しましょう。よい やりかただと おもったら、あなたの グループでも、やってみましょう。

- メンバーと、「じぶんの 権利を じぶんで まもる」ことや、リーダーの やくわりを まなんだり、じっさいに やってみる まえに、やくいん会を、ひらきましょう。
- ロールプレイや げき を、やって みましょう。
- えいがや ビデオ、スライドなどを、つかって みましょう。
- 『てびき（本）』を、つかって みましょう。
- 住まいなど、生活に かんする もんだいで、セミナーや ワークショップ、しゅうかいを ひらいて みましょう。
- おたがいの 考えかたや、じょうほうを つたえあう ために、ほかの グループと いっしょに、はなしあいを してみましょう。
- いろいろな ことを まなぶために、あつまりを ひらいて みましょう。
- リーダーが あつまり、とまりがけで、べんきょう会 を してみましょう。
- 会の はなしあいに、そとから、おきゃくさんを まねいて みましょ

う。
- 地域の だんたいの やくいんに きてもらい、「リーダーに なるための べんきょう会」を、ひらいて みましょう。
- ほかの グループが やっている、はなしあいや セミナー、リーダーの会に、さんかして みましょう。

リーダーに なるために

リーダーは まとめ役

　じょうずな リーダーは、いつ えんじょを もとめれば よいのかを、しっています。なんでも できる 人 など、いません。じょうずな リーダーは、リーダーと メンバーが、一つの チームとして まとまって、やっていく ことの たいせつさを しっています。なぜなら、

- もし、ひとりの リーダーが、なんでも じぶん ひとりで やってしまうと、さいごには しごとを しすぎて、たおれて しまいます。しなければ ならない ことが、たくさん あるからです。
- みんなが、そのしごとを てつだって くれるなら、てつだって くれる 人たちも、あたらしい やりかたを まなぶことが できます。メンバーと いっしょに、しごとを することに よって、つぎの リーダーを、うまく そだてる ことが できます。
- きょうつうの もくひょうに むかって、いっしょに しごとをし、うまく できたら、みんな、うれしいと かんじるでしょう。こうする ことで、「チームとしての まとまり」を よくする ことにも なります。そのけっか、チームの メンバーは、グループの よい ところを、もっと わかるように なり、つぎの とりくみに むけて、さらに がんばるでしょう。

　リーダーに なることは、むずかしい ことです。ひとりで、なんでも しようと おもっては いけません。ほかの リーダーや、しえん者と いっしょに、やって いくように しましょう。それぞれが、しごとを わけあって、おしえるように しましょう。じっさいに、やってみれば みるほど、おおくの ことを まなぶでしょう。

第13しょう

おわりに

　ようやく、この本を、読みおえましたね。できれば、もういちど、読みかえしてみましょう。そしてなにをまなんだのかを、ほかのメンバーにも、つたえてみましょう。もし、この本から、一つでも二つでも、まなべることがあるなら、すばらしいことだとおもいませんか。この本をとおして、じぶんたちのグループを、もっとつよく、大きくし、メンバーひとりひとりが、じぶんたちのグループや、ほかのピープル・ファーストのグループのために、いっしょうけんめいかつどうできるようにしましょう。

訳者あとがき

　本書第1部は、カナダのビル・ウォーレル氏が、ピープル・ファースト・カナダ、カナダ地域居住者協会、カナダ厚生省・総理府の協力・資金援助を受けて行った研究報告書（Bill Worrell, 1990, *People First: Advice for Advisors*. Ontario: National People First Project, People First of Canada. 報告書の初版本の出版が1988年。本書は第2刷である）の翻訳である（原書は全13章からなるが、第13章は資料に関する章のため、本書では削除した）。

　本書第2部も、ビル・ウォーレル氏が書いたもので、カナダ厚生省福祉奨励金を得、カナダ総理府しょうがいしゃ社会参加プログラムの一環として書かれたもので、当事者活動〔ピープル・ファースト〕のリーダーになる人（なっている人）のために、やさしく書かれた「てびき書」（Bill Worrell, 1988, *People First: Leadership Training Manual*. MacClintock, N. (ed.), Toronto: People First of Canada.〕の翻訳である（このてびき書にも、巻末資料が掲載されていたが、本書では削除した）。本書第1部、第2部共に、版権はPeople First of Canadaにあり、現在でも使用されている貴重な当事者活動（ピープル・ファースト）用てびき書である。

　本書第1部、第2部の原書が出版された1988年から早20年余が経過し、この20年余の間に世界は大きく変わった（かに見える）。特に情報ツー

ルの変化は著しく、タイプや電話からパソコンやインターネット、携帯電話へと変化した。世界の誰とでも瞬時に会話が可能となり、情報や文書のやりとりもすぐに行えるようになってきた。携帯電話を持てば、ナビを利用してどこへでも行けるようになり、翻訳・通訳機能を利用すれば、異なる言語圏でも意思疎通が可能となる時代が到来した。情報ツールの変化は、確実に社会の変化をもたらしてきている。本書で対象としている当事者の生活も便利になり、彼らの世界も大きく広がった。地域生活の多様性も一段と増した。

しかし、社会の変化につれて、当事者が社会でいきいきと生きられる社会になったのであろうか。社会の変化につれて、社会の当事者を見る目は変わったのであろうか。筆者が思うに、それは「ノー」である。20年前と20年後の今日も、社会の当事者を見る目は何ら変わっていない。本書で指摘されている支援者優位の構造は何ら変わっていないし、福祉サービスシステムが複雑になればなるほど、また、資格制度が導入され確立されればされるほど、当事者の生きにくさは増しているように思われるからである。表面的に変わったように見えるだけである。今なお、至るところで当事者への権利侵害の実態（年金の使い込み、虐待等々）が明らかにされてきているし、（後に記すように）対抗し得る当事者活動も未熟だからである。

一方、わずかだが、変化の兆しも見える。国連の障害者権利条約策定過程で、インクルージョン・インターナショナルを代表して発言したロバート・マーチンさん（ニュージーランド）やミア・ファラーさん（レバノン）のような方もいたし、日本の障がい者制度改革推進会議でもピープル・ファースト北海道の土本秋夫さんが当事者委員として入るなど、大活躍している方もおられるからである。本書で主張されている「私たち抜きに私たちに関することは決めるな」（Nothing about us without us）という原則が、このような形で、少しずつ、公的な場で実行され始

めているからである。

　しかし、このような動きはまだまだほんの一部の動きであり、本書で述べられている「当事者－支援者」の原則が、日常生活の中で生かされているとは到底言い難い。日本でも当事者活動が盛んになってきているとは言え、まだまだ未熟である。「支援のあり方」を論じる本も出始めてはいるものの、支援の難しさと問題提起に留まっているのが現状である。

　本書は上記のような現状にあるからこそ大切であり、世の中の価値観が変わらない限り、本書はこの先も、恒久的な「てびき書」として必要とされ、活用されていくに違いない。

　ところで、本書の第1部は、1996年4月に、『ピープル・ファースト：支援者のための手引き』（現代書館）として刊行されたものである。在庫がなくなったため、絶版にし、別の新たな当事者活動用てびき書を出版する予定だったが、本書が当事者活動の優れた理論書であること、未だわが国の当事者活動が未熟であること（支援者が当事者活動の本質を理解できていないこと。当事者がそのような支援者の手の中におり、セルフ・アドヴォカシー運動が展開できていないこと）等々の理由から、本書の改訂版を出すこととなった。改訂版を出すにあたり、当事者にも支援者にも読んでいただけるように、翻訳済みの当事者用てびき書の合本を思い立ち、第2部として一緒に出すことになった。

　本書第1部は、もともと、阿部司（ヒューマンケア協会）、江島佳代子・岡部由紀・片岡香織・篠原ひとみ・永田美樹・林弥生・方成敏・宮竹恒・日野善雄・松永公隆（以上、元四国学院大学）の各氏との共訳だったが、改訂版を出すにあたり全面的な翻訳上の手直しを行ったため、責任上、単独訳とすることにした。また、第2部は、四国学院大学論集第100号（99頁〜118頁、1999年7月）、第101号（107頁〜128頁、1999年

12月)、第102号（125頁〜144頁、2000年7月）に、和泉とみ代、林弥生、田頭佳子、川田美由紀の各氏との共訳だったが、稿を起こすにあたり、全面的な翻訳上の手直しを行ったため、これもまた、責任上、単独訳とすることにした。これまで協力をいただいた各氏には、誌上を借りて、ご了承を願うこととしたい。

　本書第1部・第2部共に、原文に忠実に訳したつもりである。

　第2部は、当事者リーダーにも読んでもらえるように（当事者リーダーと一緒に学習会が開けるように）、わかりやすい表現にした。できるだけ漢字を少なくし、平仮名と読点を多用したのは、そのためである。この表現の仕方を思いついたのは、今関わっている当事者グループのリーダーたちが、本稿を使って学習会をした際、やさしい漢字でも読みこなすことが困難で、書いている文字や文章も平仮名表記が多いということを思い出したからである。漢字を覚えてもらうことも必要だと主張する支援者もいるだろうが、文章をスムーズに読め、理解できるほうが、当事者の自信につながるということを考えると、筆者は本書のような表記のほうがよいと考えている（もちろん改善していかなければならないが）。

　第1部・第2部を通して、呼称の取り扱いには苦労をした。

　普通なら「知的障害」など一つの呼称（用語）で統一できるはずのものが、本書ではさまざまな呼称が意図的に使われているからである。さまざまな呼称が歴史の中で生み出され、整理されずに今日にまで至っている。そのことが差別と偏見を今なお生み出していることを知らせたかったのであろう。名は体を表す。呼称の歴史はそのまま「知的障害」のある人々に対する差別と偏見の歴史であったと言えよう。筆者も著者の意をくみ、そのとおりに訳出する努力をした。しかし、「知的障害」という呼称だけではなく、「精神遅滞」「レッテルをはられた人々」など、多様な使い方をしているために、時に読者に読みにくさと違和感を与え

てしまうのではないかと考え、著者が意図的に使用していると思われる呼称には、可能な限り「知的障害」という呼称を当てはめることにした。なお、序章、第1章以外の各章では、その多くを「当事者」と簡略化したほうがよさそうに思われたため、当たり障りのないこの用語を使うことにした(実際、「知的障害」と呼ばれている人たちの多くは、「知的障害」と呼ばれることを嫌っている。彼らや彼らの活動を支援する私たちとしては、できるだけこの呼称を使わずに訳出しようと心がけた)。メンバーという用語もできるだけ「当事者」という表記にしたが、「メンバー」と訳出したほうがよさそうなところはそのまま「メンバー」と表記してある。

　読者の読みやすさのため、また自分たちの支援活動にできるだけ近づけて支援のあり方を考えていただくために、外国語のカタカナ表記をできるだけ少なくしようと努力した。例えば、アドヴァイザー(advisor)を「支援者」に、セルフ・アドヴォケイト(self-advocate)を「当事者」に、というように。ノーマライゼーション(normalization)など、外国語でそのまま表現しなければ、その用語や概念の本来の意味を伝えにくいものが多々あることは承知している。しかし本書では、読者に「支援」の質を深めていただくことを主眼とするために、(原著者の)用語へのこだわりを少し緩いものにして訳出することにした。これは、訳者として自らの及び読者のピープル・ファースト運動及び当事者活動への理解を助けるための一つの方法でもあった。もしこれらの運動の理解を狭いものにしてしまっているとしたなら、それはすべて訳者の責任である。

　ところで、アドヴァイザーを「支援者」と訳出した理由だが、類似語には、スーパーバイザー(supervisor)やファシリテーター(facilitator)がある。それぞれ、指導者、まとめ役と訳すことのできる用語だが、援

助者または支援者と訳すこともできる日本語として定訳のない用語でもある。そこで、日本でもようやく盛んになってきた当事者活動（この表記についても、育成会関係では「本人活動」と呼び表している）の中で使われている援助者または支援者という表記にした。援助者と支援者は同義語ではあるが、本書では次のような区別をし、「支援者」という表現を用いることにした。つまり、「援助」という概念には、当事者をもの事の中心に据えたとき、援助者側からの一方的で上から当事者を見下ろす上下関係としての「たすけ（援け・助け）」の構造がある。一方、「支援」という概念には、当事者の意思を尊重し支える、その上で協力を行うという、当事者主体の考え方が内在している。

　また、セルフ・アドヴォケイト（self-advocate）という用語も、彼らの活動の内容からして、「自らの権利獲得・擁護を主張し、そのために活動している当事者」という訳語がぴったりするが、あまりにも長い訳語のため、基本的には「当事者」という表記をし、前後の文脈に応じて使い分けをすることにした。

　「エンパワーメント（empowerment）」とは、直訳すれば、公的な権限を与えることである。力の強化と訳す場合もある。自信を与えること、と訳せないこともない。しかし本書では、本書のキーワードとなっているセルフ・アドヴォカシーの強化ととらえ、「権利の獲得と擁護」（＝レッテルをはられた人々に公的な権限を与えること）と訳出することにした。

　本書の題名及び当事者活動の最も重要なキーワードとなっている「ピープル・ファースト」の名前の由来と本書を生んだカナダにおけるピープル・ファースト運動の歴史を記しておかなければならない。しかし、私のつたない紹介文よりも、カナダ・ピープル・ファースト発行のパンフレットを翻訳引用したほうがよさそうである。

「ピープル・ファースト」という名前はアメリカのオレゴン州セイエムで初めてつけられたが、セルフ・アドヴォカシーという考え方は、1973年、（カナダの）ブリティッシュ・コロンビア州で、同州とアメリカ太平洋北西部の当事者たちが会議を開いたときに初めて使われた。「ピープル・ファースト」という名前は、彼らが「遅滞者」とレッテルをはられることがどんなに嫌なことかと話し合った、セイエム・シンポジウムでつけられた。「あなたたちは何と呼ばれたいの」と尋ねられたときに、ある人が「まず第一に人間として」と答えたことからである。

　ピープル・ファーストという考え方はブリティッシュ・コロンビア州で根づき、当事者たちが自己主張するようになり、将来に対する夢や悩みごとを語り、意見交換をし、同じような目にあっている人たちと話すことにより、自信をもち、日々の悩みごとを伝え合うようになっていった。

　カナダにおける最初のピープル・ファーストのグループは、1974年に、ブリティッシュ・コロンビア州に誕生した。このグループは、施設に入所していた何人かの人たちによって始められた。施設での生活と実社会での生活との間には大きな違いがあり、彼らが地域で生活したいと望んでいても援助を必要としていたからである。彼らは、自分で生活をしたり働いたりする方法を教えてもらったことがなかった。彼らには、援助と、一人でいるのではなく友達といることのできる場所が必要だった。自分のことは自分で決め、自分の権利を擁護する必要性があった。

　アルバータ州のエドモントンに支部ができた。支部ができたのは、当事者たちが、「我々の生活は、親ではなく、我々が管理する」と言えるようになりたかったからである。ピープル・ファーストにはいろいろな組織がある。理事会は、メンバーの選挙によって選ばれた人で構成されている。理事もピープル・ファーストのメンバーでなければならない。当事者が自ら自分たちの運命を自分たちで管理し始めたのである。

1979年、オンタリオ州とブリティッシュ・コロンビア州のピープル・ファーストのリーダーたちが初めて話し合いをもった。これは、彼らの念願だった。リーダーたちは、この運動をカナダ全体に広めたいと思った。1980年、マニトバ州にもサスカチュワン州にもピープル・ファーストのグループができた。1981年にはオンタリオ州ピープル・ファーストが結成され、州から会議開催のための補助金を得た。やがて、ケベック州、ニュー・ブランズウイック州、ノバ・スコシア州、プリンス・エドワード・アイランド州などに、たくさんの地方組織ができていった。最も西にあるブリティッシュ・コロンビア州では、1985年にブリティッシュ・コロンビア州ピープル・ファーストが結成された。サスカチュワン州ピープル・ファーストも結成されている。州レベルの組織は、ブリティッシュ・コロンビア州、アルバータ州、サスカチュワン州、マニトバ州、オンタリオ州、ケベック州、ノバ・スコシア州、ニュー・ブランズウイック州にある。

　1984年、新しいリーダーの養成と新しい組織づくりとその発展を援助するために、全国ピープル・ファースト設立準備委員会がつくられた。そして今、カナダ全土に支部をもち、公用語を使い活動している。

　ブリティッシュ・コロンビア州、アルバータ州、サスカチュワン州、オンタリオ州、ケベック州、ニュー・ブランズウイック州、ノバ・スコシア州の代表者からなる全国ピープル・ファースト諮問委員会が組織され、規約作成の作業が行われた。規約は諮問委員会で了承され、1991年4月6日、ニュー・ブランズウイック州のセント・ジョンにおける全国ピープル・ファースト結成大会で各州・各地区の代表者から承認された。かくして、カナダ・ピープル・ファーストが誕生した。ピープル・ファーストの全国組織化は、世界でも初めてのことである。旧諮問委員会委員は、新委員会委員となった。全国組織には、理事会と広報委員会、人事委員会がある。

1974年以来、多くの無力な人々が声をあげるようになってきた。これまで困難な闘いを余儀なくされてきたが、貴重な勝利も勝ち得てきている。組織名の変更、本人の意思に反した不妊手術の禁止に関する法律の制定、「仕事よこせ」キャンペーンなどはすべて、ピープル・ファーストのリーダーたちが提起した問題である。

　ピープル・ファーストのリーダーたちは、変化を求めて取り組みを行ってきた。強力な運動を展開するために取り組んできた。初期のリーダーたちは多くの新入会員を集め、活動の仕方を教えた。今やピープル・ファーストのメンバーたちは、全国各地で声をあげ権利を主張している。

(The history of the People First movement in Canada, 1993)

　本書は、既に当事者活動の支援者として活躍している人たちだけでなく、当事者活動に関心のある方々に、ぜひお読みいただきたい。また、本書第2部は、当事者活動のリーダーやリーダーになってみたいと思う当事者、リーダーとなってグループをまとめていってほしいと思っている当事者と一緒に学習会を開き、そのテキストとして使ってみてほしい。この先行例が既に『知的しょうがい者がボスになる日』(パンジーさわやかチーム・林淑美・河東田博編著、現代書館、2008年) で紹介されており、どのように本書第2部を使っていたのかがわかることと思う(ほんの一例だが)。

　また、本書第2部は、支援者にも役立つと思う。内容がわかりやすく、具体例が多いからである。支援者(支援者になろうとする人)は、この第2部を読み、当事者活動への理解を深め、当事者のための当事者による活動を支援していってほしい。当事者活動の支援を通して、新しい価値創造への挑戦を行い、自らの人間としての成長に繋げていってほしい、と切に願っている。

最後に、本書出版にあたり，2009年度立教大学アミューズメントリサーチセンター（RARC）福祉プロジェクトより研究成果公表のための印刷製本費を助成していただいた。感謝申し上げたい。なお，本書は，上記『知的しょうがい者がボスになる日』（2008年度RARC福祉プロジェクト研究成果刊行物）と対を成すものである。５年間のRARC福祉プロジェクトの研究活動を諦めくくる最終刊行物として上梓したい。

　末筆になったが、本書改訂版の出版を勧めて下さった現代書館の皆さん、初版のときから編集作業に携わって下さった小林律子さんに、心から感謝を申し上げ、訳者あとがきとする。

2010年３月10日
河東田　博

河東田　博（かとうだ　ひろし）
東京学芸大学特殊教育学科卒業。ストックホルム教育大学（現ストックホルム大学）大学院教育学研究科博士課程修了（Ph. D）。1974年から86年まで12年間、東京都の社会福祉施設に勤務。86年から91年まで約5年間、スウェーデンに滞在。脱施設化や自立生活運動、当事者参加・参画に関心をもち、研究を開始。四国学院大学、徳島大学を経て、現在立教大学コミュニティ福祉学部教員。
主な著書に『スウェーデンの知的しょうがい者とノーマライゼーション』『ノーマライゼーション原理とは何か』（単著）『知的しょうがい者がボスになる日』『福祉先進国における脱施設化と地域生活支援』（以上、編著）『ヨーロッパにおける施設解体』（以上、共著）『スウェーデンにおける自立生活とパーソナル・アシスタンス』『ノーマライゼーションの原理』『スウェーデンにおける施設解体』（以上、共訳）『福祉先進国に学ぶしょうがい者政策と当事者参画』（監修）（以上、現代書館）『福祉文化とは何か』『障害者と福祉文化』（編著）『知的障害者の人権』（共著）（以上、明石書店）『コミュニティ福祉学入門』『現代の障害者福祉』（以上、共著、有斐閣）『わたしたちのからだ』（共著、福村出版）『性について話しましょう』（共訳、大揚社）等がある。

ピープル・ファースト：当事者活動のてびき——支援者とリーダーになる人のために
2010年 5月10日 第1版第1刷発行

著　者　ビル・ウォーレル
訳　者　河　東　田　　博
発行者　菊　地　泰　博
組　版　メ　イ　テ　ッ　ク
印　刷　平　河　工　業　社　（本文）
　　　　東　光　印　刷　所　（カバー）
製　本　越　後　堂　製　本

発行所　株式会社　現代書館　〒102-0072 東京都千代田区飯田橋 3-2-5
　　　　　　　　　　　　　　電話 03(3221)1321 FAX03(3262)5906
　　　　　　　　　　　　　　振替 00120-3-83725 http://www.gendaishokan.co.jp/

校正協力・西川　亘
Ⓒ 2010 KATODA Hiroshi　Printed in Japan　ISBN978-4-7684-3500-7
定価はカバーに表示してあります。乱丁・落丁本はおとりかえいたします。

本書の一部あるいは全部を無断で利用（コピー等）することは、著作権法上の例外を除き禁じられています。但し、視覚障害その他の理由で活字のままでこの本を利用出来ない人のために、営利を目的とする場合を除き、「録音図書」「点字図書」「拡大写本」の製作を認めます。その際は事前に当社まで御連絡下さい。
また、テキストデータをご希望の方は右下の請求券を当社までお送り下さい。

テキストデータ請求券
『ピープル・ファースト：当事者活動のてびき』

知的しょうがい者がボスになる日
――当事者中心の組織・社会を創る

パンジーさわやかチーム・林淑美・河東田博 編著

スウェーデンのグルンデン協会を目指し、当事者自身が施設を運営・管理するための組織変革に乗り出した東大阪市の知的障害者授産施設パンジー。戸惑い、自信のなさ、仲間の離脱という挫折を乗り越え、見えてきた展望。本人たちのエンパワメントと支援者の関わりの軌跡。

1800円+税

福祉先進国における脱施設化と地域生活支援

河東田博 編著者代表

オーストラリア、ノルウェー、オランダ三カ国と日本の入所施設三カ所における地域移行プロセスの実態調査(当事者・職員・家族への調査)を基に、地域移行、地域生活支援の実態と課題を明らかにし、諸外国の地域生活支援に関する法制度の比較研究を含め、日本のあり方を展望する。

3000円+税

スウェーデンにおける施設解体
――地域で自分らしく生きる

河東田博 他著

一九九九年十二月、ほぼ全ての入所施設が解体され、入所者たちは思い思いの方法で地域で暮らし始めた。百年の歴史をもつ知的障害者入所施設の歴史と解体までの軌跡、利用者・家族・施設職員それぞれの解体までとその後の意識の変化、反応・感情をつぶさに記録。

1800円+税

ヨーロッパにおける施設解体
――スウェーデン・英・独と日本の現状

J・ラーション 他著・河東田博 他訳

障害者入所施設はもういらない。スウェーデンではほぼ全ての施設が解体され、地域移行が完了している。施設を解体・縮小し、地域居住に移行している欧州の現状と地域移行・地域生活支援にかかわる課題に学び、未だに入所施設が増大している日本の地域移行の道筋を探る。

2200円+税

スウェーデンの知的しょうがい者とノーマライゼーション
――当事者参加・参画の論理

河東田博 著

施設から地域へ、親・専門家による支配・保護から当事者参加・参画へと劇的に変わりつつあるスウェーデンの福祉制度、知的障害者をめぐる状況、地域での生活の様子、当事者が自己主張し、政策決定に参加するまでの具体的過程を追いながら、日本の地域福祉の課題を考える。

2300円+税

福祉先進国に学ぶしょうがい者政策と当事者参画
――地域移行、本人支援、地域生活支援国際フォーラムからのメッセージ

カリフォルニア・ピープルファースト 編／秋山愛子・斎藤明子 訳

施設を完全になくしたスウェーデン、地域移行途上のオランダ、未だに施設中心の日本の知的しょうがい者と支援者、オーストラリアの研究者を招聘して地域移行、本人支援のあり方、知的しょうがい者が組織運営する当事者団体について語り合った国際フォーラムの報告。

1800円+税

私たち、遅れているの?〔増補改訂版〕
――知的障害者はつくられる

河東田博 監修

親、施設職員や教員など、周囲の人々の期待の低さや抑圧的な環境が知的障害者の自立と成長を妨げていることを明らかにし、本当に必要なサービス・制度を当事者参画の下に提言した報告書『遅れを招く環境』の翻訳と、サービス供給決定過程への当事者参画が進む現在の制度を紹介。

1800円+税

(定価は二〇一〇年五月一日現在のものです。)